교수자를 위한

NCS 교과목 강의자료 개발 실무

장봉기, 김대구 지음

www.kwangmoonkag.co.kr

PREFACE

　　교육 훈련의 진행에서 가장 중요한 것은 교수자가 교육과정 중 학습자들에게 어떤 방법들을 활용하여 실무 역량을 갖출 수 있도록 하는 것이라고 생각한다.

　　우리나라는 2002년부터 산업 현장에서 직무를 수행하기 위해 요구되는 지식·기술·태도 등의 내용을 국가가 체계화하여 국가직무능력표준(NCS, National Competency Standards)을 제정하였다. 기업체(Corporation)는 NCS를 현장 수요 기반의 인력 채용 및 인사관리 기준, 근로자 경력 개발, 직무기술서 등에 활용하고, 교육훈련기관(Education and training)은 직업교육 훈련과정 개발, 교수 계획 및 매체, 교재 개발, 훈련 기준 개발 등에 활용하며, 자격시험기관(Qualification)은 자격 종목의 신설 통합 폐지, 출제 기준 개발 및 개정, 시험 문항 및 평가 방법 등에 적용하고 있다.

　　이번에 개발한 도서는 NCS 기반 교과목의 능력단위별 강의자료를 개발하고 활용하는 교수 방법을 구체화하였다. NCS 기반의 교과목에 선정된 능력단위에서 제시하고 있는 것은 실무에 활용할 수 있는 직무 능력을 갖추도록 하는 것이다.

　　전문대학, 공공기관, 직업능력개발훈련기관에서 교수자의 역할은 지식을 잘 전달하는 것보다 직무를 수행할 수 있도록 하는 것이 목표이다. 이 도서에서 교수자가 강의자료 개발과 활용 등을 참고하여 실무 위주의 교수 방법이 개선될 수 있기를 기대한다.

　　특히 교수자를 위한 주차별 강의자료 개발은 매주 교과목의 능력단위에 대한 수업의 중요한 부분을 요약하고 학습자에게 평가 문항을 제시할 수 있도록 개발한 것으로 매우 유용한 자료이다. 그리고 학습자를 위한 주차별 워크북은 주요 학습 내용, 평가 문항, 수업에 대한 피드백 등을 할 수 있도록 구성되어 학습자는 주차별 워크북에서 제시된 주요 학습 내용과 평가 문항을 해결하여 제출하고 교수자로부터 피드백을 받을 수 있도록 개발한 자료로 교수자와 학습자에게 유용하게 활용될 것이다.

PREFACE

　다음은 평가도구 개발로 능력단위에 대한 평가도구 개발에 대한 세부적인 방법과 예시로 교수자의 교과목에 해당된 능력단위별로 개발하여 활용할 수 있도록 하여 평가의 공정성과 중요성을 확보할 수 있다. 마지막으로 프로젝트 기반 수업 운영을 위한 운영계획서 작성 방법과 사례를 통해 교과목 수업에서 프로젝트 기반 수업으로 전환하여 실무 역량을 갖출 수 있는 교수 방법으로 획기적인 수업 성과가 나타나고 있어 적극 추천하고 있는 교수 방법이다.

　이 책이 NCS 기반 교과목의 수업을 담당하고 있는 교수자분들에게 강의 준비 지침서가 되어 4차 산업에서 요구하는 실무형 인재를 양성하는 데 활용되기를 바란다.

저자 일동

CONTENTS

제1장. 강의자료 개발 개요 ········· 9

1.1 강의자료 개요 ········· 11

1.2 NCS 교과목 분석 개요 ········· 63

1.3 강의자료 개발 개요 ········· 67

1.4 기대 효과 ········· 78

제2장. 파워포인트 기능 활용 ········· 79

2.1 강의자료 개발 기획 ········· 81

2.2 파워포인트로 강의자료 초안 제작 ········· 85

2.3 파워포인트 기능 활용 ········· 88

제3장. 강의자료 개발 준비 ········· 105

3.1 강의자료 개발을 위한 교육 훈련 운영계획서 내용 분석 ········· 107

3.2 강의자료 개발을 위한 능력단위 내용 분석 ········· 163

3.3 강의자료 개발을 위한 학습 모듈 내용 분석 ·················· 165

3.4 프로젝트 운영자료 개발을 위한 분석 ·················· 167

제4장. 강의자료 개발 ················ 169

4.1 교수자를 위한 주차별 강의계획서 개발 ·················· 171

4.2 학습자를 위한 주차별 워크북 개발 ·················· 179

4.3 능력단위 평가도구 개발 ·················· 182

4.4 프로젝트 기반 수업을 위한 프로젝트 운영자료 개발 ·················· 200

제5장. 강의자료 개발 내용 발표 및 개발 사례 ·················· 209

5.1 강의자료 개발 내용 발표 ·················· 211

5.2 강의자료 개발 사례 ·················· 213

NCS 교과목 강의자료 개발 실무 교재 사용 안내

■ 개요

《NCS 교과목 강의자료 개발》은 전문대학, 고등학교, 직업능력개발훈련기관에서 NCS 교과목을 담당하고 있는 교수자를 위하여 주차별 강의자료 개발, 학습자용 주차별 워크북, 능력단위 교과목의 평가도구 개발, 프로젝트 교수 방법에 대한 실무 위주로 작성하였다.

또한, 이번에 발간한 《NCS 교과목 강의자료 개발》에는 다음과 같은 강의자료 개발에 활용할 수 있도록 집필하였다.

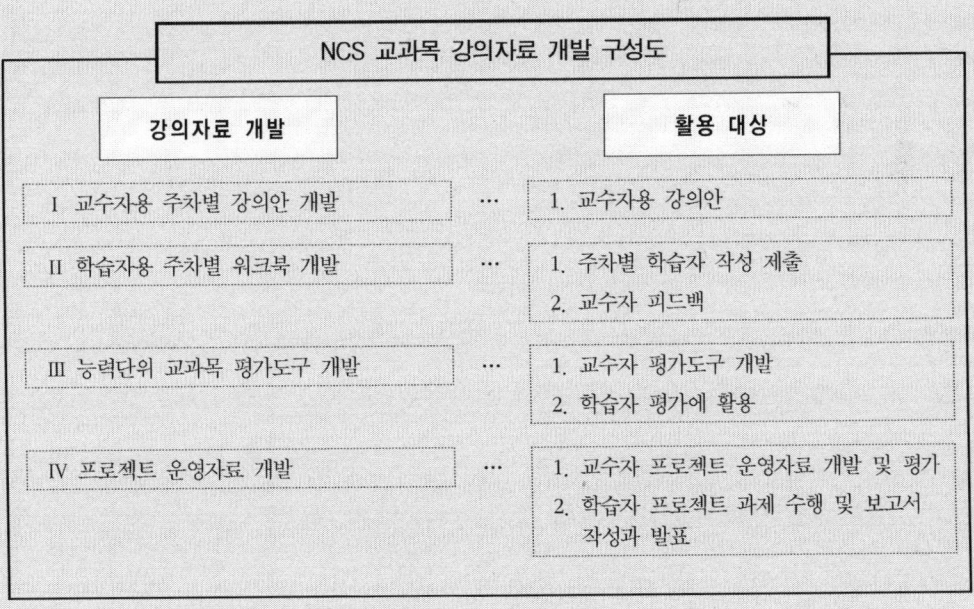

따라서 이 책은 《NCS 교과목 강의자료 개발》로 교수자와 학습자에게 유용하게 활용될 수 있도록 개발하였다.

NCS 교과목 강의자료 개발 실무

Chapter 01

강의자료 개발 개요

Chapter 01 강의자료 개발 개요

학습 목표

o 강의자료 개요에 대한 내용을 설명할 수 있다.

o NCS 교과목 분석에 대한 개요를 파악하여 설명할 수 있다.

o NCS 교과목 강의자료 개발 내용을 요약하여 설명할 수 있다.

o NCS 교과목에 대한 강의자료 개발에 대한 기대 효과를 설명할 수 있다.

1.1 강의자료 개요

1) 강의자료 개요

(1) 강의자료

강의자료에는 수업에 필요한 자료와 학습도구를 포함한다. 수업자료에는 인쇄 매체와 시각 매체, 청각 매체, 시청각 매체 등으로 구분할 수 있으며, 학습도구에는 디지털 교재, 워크북 등으로 구분할 수 있다.

CHAPTER 1. 강의자료 개발 개요

(2) NCS 교과목 강의자료의 개요

이번 교재에서 다루는 NCS 교과목에 대한 강의자료 개발은 교수자를 위한 강의계획서, 학습자를 위한 워크북, 평가도구, 프로젝트 운영자료 등의 개념으로 한정하여 내용을 구성하였다.

NCS 교과목에 편성된 능력단위는 현장의 전문가가 현장의 직무를 수행하는 데 요구되는 지식과 기술과 태도를 국가 차원에서 표준화한 것으로 교과목의 능력단위 수업을 통해 현장에서 요구하는 직무 수행 능력을 갖추는 것이 학습의 목적이 된다. 따라서 기존 교과목의 수업에서 적용했던 과거의 강의자료와 완전히 다른 형태의 강의자료가 필요하다.

또한, 교재에서 제시한 예시나 방법은 절대적인 강의자료가 아니며, 능력단위 내용 또는 직종 및 평가 유형의 특성에 따라 교육훈련기관과 교수자에 따라 다양하게 변경하여 운영할 수 있다.

2) NCS 기반 교과목의 수업자료 개발의 개요

(1) 교수자를 위한 강의계획서

교수계획서는 강의/수업 계획서와 혼용되고 있으며, 그 활동인 교수계획은 교수 설계를 의미하기도 한다. 그러나 강의계획서는 매 강의 단위의 세부적인 내용, 즉 주제, 목표, 내용, 강의자료, 강의 기법, 평가, 일정 등을 포함하는 수업 지도안으로 좁은 의미의 교수계획서라고 할 수 있고, 교수 설계서는 교수-학습 활동이 효과적이고 효율적으로 이루어질 수 있도록 교육 프로그램을 설계, 개발, 활용, 관리, 평가하는 활동이라는 점에서 넓은 의미의 교수계획서이다.

일반적으로는 사용되는 교수계획서는 프로그램의 교수 활동에 대한 설계를 강의 단위별 활동으로 표현한 강의계획서이다.

수업계획서에서 가장 중요한 것은 대개 각 수업의 주제와 과제에 대한 주간 일정표이다. 수업 진행표에는 주로 그날 학습할 교재의 장이나 중요 제목만 제시되어 있고 읽을 내용이 간략하게 몇 가지로 제시되곤 한다.

하지만 수업계획서의 주간별 진도표에는 중요 제목과 함께 보충적인 내용을 소개하고 학습자들이 해야 할 활동도 제시해야 한다. 중요 제목 다음에 앞에서 제시했던 하위 학습목표 중 그날에 해당하는 것을 다시 제시해 준다. 그리고 중요 내용을 구성하는 세부 내용과 더불어 학생들이 해야 할 일도 기술한다.

평가 문항 및 방법에 시험 기간을 밝혀 놓았더라도, 주차별 강의계획에 이 정보를 다시 포함해야 한다. 그리고 휴일도 명시해 놓아야 한다. 학생들이 이 강의를 위해 해야 할 일들의 계획을 짤 때 교수자의 일정표를 기준으로 삼을 수 있어야 하기 때문이다. 주차별 강의계획이 완벽할수록 학생들에게 더 많은 도움이 될 것이다.

이번 교재에서는 NCS 교과목 수업을 효과적으로 운영하기 위하여 가장 중요하고 기본적인 요소가 교수자를 위한 주차별 강의계획서이다. 이를 체계적으로 개발하는 것을 말한다.

주차별 강의계획서에는 강의계획서 개요, 요약된 필요 지식과 실습 내용, 평가 문항 개발, 학습 내용에 대한 성취 수준 평정 근거, 장비와 실습 재료 및 소모품, 평가자 피드백 등으로 구성되어 있다.

(2) 학습자를 위한 주차별 워크북

워크북은 요약된 내용과 연습문제로 구성된 학습도구로서 학습자가 교재에서 배운 내용을 반복 연습하거나 응용하는 훈련을 지원하기 위하여 제작한다. 보통 워크북의 문제에 대한 해답은 교재에 있으나, 탐색적인 문제의 경우 교재에 해답이 없고 학습자 나름의 해답을 찾는 훈련을 지원한다.

일반 워크북은 보통 교재 형태보다 작고 가벼워 휴대가 간편하다는 장점이 있고, 학습자가 가정이나 일터에서 보충학습을 할 때 사용하기 좋다. 또 특정 직무와 관련된 워크북은 다양한 상황에 대한 연습문제를 담고 있어 반복적인 훈련에 도움이 된다. 최근에는 사용되는 디지털 워크북은 디지털 교과서와 호환되는 시스템으로 개발되어 교수자나 타 학습자와 상호작용이 가능하고 개별화된 학습을 지원한다.

워크북은 반복적인 연습과 암기가 필요한 기초 단계 외국어 강좌, 다양한 지식과 복잡한 개념의 관계를 분명하게 이해해야 하는 역사 관련 강좌, 새로운 상황에 대한 적용과 응용 능력이 중시되는 직무기술 관련 강좌 등에 폭넓게 활용된다.

이번 교재에서는 학습자가 해당하는 교과목의 능력단위를 효과적으로 학습하기 위하여 주차별 워크북을 활용할 수 있다. 따라서 학습자를 위한 주차별 워크북을 체계적으로 개발하여 사용할 수 있는 내용을 포함하고 있다.

주차별 워크북에는 워크북 개요, 요약된 필요 지식과 실습 내용, 평가 문항을 제시하고, 학습 활동 사진을 첨부할 수 있으며, 사용 장비와 실습 재료 및 소모품 등의 내용을 포함하고 있다. 학습자가 워크북 자료의 학습 내용을 작성하여 제출하면 교수자는 워크북 학습 수행 내용을 평가하여 주차에 해당하는 능력단위 요소와 수행 준거에 대한 성취 수준을 평정하고 교수자의 피드백 내용 등으로 구성되어 있다.

(3) NCS 능력단위 평가도구

평가에 대한 정의를 살펴보면 교육 평가는 교육 목표 달성 여부를 판단하는 행위를 말하며, 학습자의 성취 여부에 초점을 둔 전통적 목표 지향 평가 접근법에 근거한다.

NCS 기반의 평가는 교육 목표 달성 여부를 확인하고 학습자에 대한 체계적 서술 혹은 학습자의 가치와 장점에 대하여 평가하여 그 결과를 기술하고 활용하는 것으로 설정한다.

NCS 기반의 평가는 학업 성취도 검사 결과를 토대로 학습 성과에 대한 가치 판단, 학습자의 가치, 중요성 잠재력과 성장 가능성 등을 기술하고 설명을 포함하여 작성한다.

(가) NCS 능력단위 평가 방법

NCS 능력단위 평가 방법 또는 평가 유형을 13가지로 구분하여 제시하고 있다. 피평가자는 수업 과정에서 평가하는 방법과 수업 종료 시점에서 실시하는 결과 평가에 대한 평가 방법을 참고하여 평가한다(〈표 1-1〉 참조).

〈표 1-1〉 NCS 능력단위 평가 방법

평가 방법(유형)	설 명
A. 포트폴리오	• 자신이 작성하거나 만든 작품 또는 지속적·체계적으로 모아둔 개인별 작품집이나 서류철을 대상으로 평가
B. 문제 해결 시나리오	• 평가 대상자가 주체가 되어 문제 해결을 위한 시나리오를 작성하여 해결하는 과정을 평가

C. 서술형 시험	• 주어진 질문에 대해 알고 있는 자신의 지식이나 생각을 직접 작성하게 하는 평가
D. 논술형 시험	• 주어진 질문에 대해 자신의 견해나 주장을 논리적 과정을 통해 상대방에게 설득력 있게 전달토록 하는 방식
E. 사례 연구	• 현재 진행 중이거나 유사한 이전의 사례 들 중 하나 혹은 그 이상을 선정하여 그 성공이나 실패 요인을 분석·적용하여 평가
F. 평가자 질문	• 평가 대상자들에 대하여 얻고자 하는 자료나 정보를 질의응답을 통해 수집하여 평가
G. 평가자 체크리스트	• 필요한 학습 능력을 한눈에 알 수 있는 표를 만들어 평가 대상자의 학습 과정이나 학습 결과를 체크해 나가며 평가
H. 피평가자 체크리스트	• 특정 주제에 대하여 학습자 스스로 학습 과정이나 작업 결과에 대해 자세하게 평가하도록 하고 그 결과를 평가
I. 일지/저널	• 매일 또는 장기적으로 평가 대상자의 학습 과정이나 결과를 기록하여 평가
J. 역할 연기	• 평가 대상자들에게 가상의 상황을 주고 주어진 상황 속의 특정 인물 역할을 수행하여 평가
K. 구두 발표	• 특정 내용이나 주제에 대한 평가 대상자의 의견이나 생각을 발표하도록 하여 평가
L. 작업장 평가	• 현장에서 일어나는 공정이나 일의 순서 등 작업장에서 학습 수행과 행동을 관찰하여 평가
M. 기타	• 위의 12가지 방법 이외의 평가 방법으로 진위형, 순수단답형, 복수단답형, 완성형, 연결형, 선택형, 선다형 등의 평가

(나) 평가 영역과 연계한 평가 유형

평가는 다양한 영역에 걸쳐서 평가되어야 하므로 평가에서 지적인 영역, 기능적인 영역, 일에 대한 태도에 걸쳐서 폭넓게 평가하는 것이 바람직하다.

최근 들어 교육 평가는 다양한 평가 방법을 이용하여 인위적 상황보다는 실제 생활에서 알고 있는 것을 얼마나 잘할 수 있느냐에 관심을 두는 능력 중심의 평가를 지향하고 있다 (〈표 1-2〉 참조).

〈표 1-2〉 평가 영역과 연계한 평가 유형

구분	교육 훈련 목표와 내용	평가 유형
정의적 영역	특정 상황, 사례에 대한 개인의 태도(흥미, 느낌)	사례 발표, 체크리스트, 포트폴리오
인지적 영역	학습하고 이해한 지식, 기술, 태도를 진술	필답형
	학습한 지식, 기술, 태도를 새로운 상황에 적용	사례 발표, 체크리스트, 포트폴리오
	분석, 종합, 평가 등을 고차원적인 능력	사례 발표, 체크리스트, 포트폴리오
심동적 영역	특정 직무수행 능력에 대한 평가	체크리스트, 포트폴리오

NCS 교과목의 능력단위 평가의 목적에 따라 평가 유형을 구분하면 다음과 같다.

① 시험 및 검사를 통한 인지적 수준 측정에 연관된 평가는 C 서술형 시험, D 논술형 시험, K 구두발표 등의 평가 유형이 연관성이 있다.

② 미시적 학습 활동의 평가(단기 프로젝트)에 연관된 평가는 A 포트폴리오, F 평가자 질문, G 평가자 체크리스트, H 피평가자 체크리스트, J 역할 연기, L 작업장 평가 등의 평가 유형이 연관성이 있다.

③ 거시적 학습 활동의 평가(장기 프로젝트)에 연관된 평가는 A 포트폴리오, E 사례 연구, I 일지/저널 등의 평가 유형이 연관성이 있다.

(다) 평가 내용과 연계한 평가 방법

NCS 교과목의 능력단위 평가 내용과 연계한 평가 유형을 구분하면 다음과 같다.

① 자신이 작성하거나 만든 작품을 지속적·체계적으로 모아둔 개인별 작품집 혹은 서류철을 대상으로 평가와 연계된 유형은 포트폴리오 평가 방법이 적절하다.

② 문제 해결 능력의 획득을 두고 평가 대상자가 주체가 되어 문제 해결을 위한 시나리오를 작성하여 해결에 이르는 과정을 평가와 연계된 유형은 문제 해결 시나리오 평가 방법이 적절하다.

③ 주어진 주제나 요구에 대해 자유로운 형식으로 서술하게 하여 평가와 연계된 유형은 서술형 시험 평가 방법이 적절하다.
④ 주어진 과제를 논리적 과정을 통해 해결하고 그 과정을 언어로 서술하게 하여 평가와 연계된 유형은 논술형 평가 방법이 적절하다.
⑤ 현재 진행 중이거나 유사한 이전의 사례 중 하나 혹은 그 이상을 선정하여 그 성공이나 실패 요인을 분석 적용하여 평가와 연계된 사례연구 평가 방법이 적절하다.
⑥ 평가 대상자들에 대하여 얻고자 하는 자료나 정보를 질의응답을 통해 수집하여 평가와 연계된 유형은 평가자 질문 평가 방법이 적절하다.
⑦ 많은 사항을 한눈에 알 수 있는 표를 만들어 평가 대상자의 과정이나 작업 결과를 체크해 나가며 평가와 연계된 유형은 평가자 체크리스트 평가 방법이 적절하다.
⑧ 특정 주제에 대하여 스스로 학습 과정이나 작업 결과에 대해 자세하게 평가하도록 하게 하고 그 결과를 평가와 연계된 유형은 피평가자 체크리스트 평가 방법이 적절하다.
⑨ 매일 또는 정기적으로 평가 대상자의 작업 과정이나 학습 결과를 기록하여 평가와 연계된 유형은 일지/저널 평가 방법이 적절하다.
⑩ 평가 대상자들에게 가상의 문제 상황을 주고, 주어진 상황 속 인물의 역할을 대신 수행해 보도록 평가와 연계된 유형은 역할 연구 평가 방법이 적절하다.
⑪ 특정 내용이나 주제에 대한 평가 대상자의 의견이나 생각을 발표하도록 하여 평가와 연계된 유형은 구두발표 평가 방법이 적절하다.
⑫ 현장에서 일어나는 공정이나 일의 순서, 작업장 환경 등의 효과성, 효율성을 평가와 연계된 유형은 작업장 평가 방법이 적절하다.

(라) 평가 기준에 따른 분류

평가 기준에 따른 분류는 규준지향평가(상대평가)와 준거지향평가로 구분할 수 있다. 규준지향평가는 평가 기준을 규준지향평가로 100명의 학생이 있다면 1등부터 100등까지 평가하여 상대적 서열에 관심을 가진 평가이다. 준거지향평가(절대평가)는 무엇을 할 수 있는가? 학습 목표 달성 여부, 수행준거평가 등으로 학습자가 무엇을 수행할 수 있는지 또는 수행할 수 없는지를 평가하기 위하여 평가하는 것을 말한다.

NCS 기반 교과목은 준거지향평가를 적용하고 있다.

(마) 교육 학습 성취도 평가 방법

NCS 기반의 교육 훈련에 대한 교육 학습 성취도 평가 방법은 지필평가와 수행평가로 구분할 수 있다.

지필평가는 인지적, 정의적, 심동적 영역을 평가하는 데 모두 활용될 수 있지만, 주로 인지적 영역을 평가하는 데 유용하다.

수행평가는 학업 성취도 평가 결과를 통해 피평가자의 실제 직무수행 능력, 정보 탐색, 수집·분석·비판·종합 평가 등에 활용되고 있다. NCS 기반 교과목의 평가는 직무수행 역량에 대한 평가로 수행평가를 적용하고 있으며 장점과 단점은 다음 표와 같다(〈표 1-3〉 참조).

〈표 1-3〉 수행평가의 장점과 단점

장 점	단 점
• 학습자의 다양한 사고능력, 고등 정신 능력 개발 가능 • 협동 학습을 유도하여 전인 교육을 도모 • 학습 결과 평가와 학습 과정 평가에 적용 가능 • 학습자의 학습 동기 및 흥미 유발에 효과적	• 평가도구 개발의 어려움 • 채점 기준, 점수 배점 기준 설정 필요함 • 평가도구 개발, 평가 실시, 채점 및 점수 부여 등에 다소 시간이 걸림 • 채점자와 교과목 담당자 간 신뢰도 확보가 쉽지 않음 • 평가 결과에 대한 이해관계자 간 신뢰가 필요함

(바) 수행평가에 활용될 수 있는 평가도구

수행평가에 활용될 수 있는 평가 방법과 평가도구의 예시를 살펴보면 다음 표와 같다(〈표 1-4〉 참조).

〈표 1-4〉 수행평가의 장단점

	평가 방법		평가도구 (예시)
수행 평가	논술형	• 학습자가 보유한 지식과 기술을 토대로 자신의 생각이나 주장을 창의적 논리적으로 작성하여 자신의 수행 능력을 입증하는 방법	• 논술형 문항 • 평정 척도 • 평정 항목 등
	관찰	• 피평가자의 직무수행 장면, 실기시험, 역할 연기, 실험 및 실습 장면 등을 관찰하고 기록하여 평가	• 체크리스트 • 평정 척도 • 평정 항목 • 자유 기록 (일지 등)
	구술 (면접, 구술시험)	• 일정 조건하에 질문하여 대답을 얻어내는 언어적 상호작용 과정을 통해 학습자가 내적으로 지니고 있는 무엇을 알아내는 평가	
	문서, 자료 및 산출물 검토	• 피평가자가 작성한 실험/실습 보고서, 연구 보고서, 일지/저널, 포트폴리오, 사례 연구 보고서 및 특정 작품 또는 결과물 등을 검토하여 평가	
	자기평가 및 동료평가	• 특정 주제나 교수/학습 과정 또는 결과에 대해 개인 스스로 또는 함께 학습한 동료들이 평가 보고서를 제출하도록 하여 평가	

(사) NCS 기반 평가의 의미

NCS 기반 훈련 과정에 대한 평가는 NCS 교과목의 능력단위에서 제시 능력(지식, 기술, 태도)을 기반으로 한 평가 방법에 따라 평가하는 것을 말한다. NCS 수행 준거에 비추어 학습자 개인별로 능력단위에서 요구하는 직무 수행을 할 수 있는가를 알기 위한 평가를 의미한다.

학습자 개인의 성취 점수를 구체화한 수행 준거에 의하여 직업의 영역이나 훈련 영역을 구체적으로 규명해야 한다. 가장 이상적인 평가 방식은 교수자가 실제의 직무 상황(현장 업무 수행 능력)에서 업무 수행자의 행위와 관련된 정보를 바탕으로 학습 성과를 판단하는 것이다.

(아) NCS 기반 평가의 절차

NCS 기반 평가의 절차는 다음과 같다(〈표 1-5〉 참조).

〈표 1-5〉 NCS 기반 평가의 절차

NCS 기반 교육 과정 교과목 내용 분석	• NCS 기반 교육 과정의 교수계획서 내용 분석 • 해당 NCS 능력단위 내용 분석 • 해당 NCS 학습 모듈 내용 분석
↓	

평가 계획 수립	• 평가 내용 및 방법 선정
	  · 직무수행 능력 평가
	  · NCS 평가 방법 참조
	• 자료 수집 방법 및 시기 결정
	• 평가 기준 설정(Pass/Fail), 학점 등과(A~F학점)

↓	
평가도구 개발	• 교과목의 능력단위별 평가도구 개발
↓	
평가 실시	• 평가 계획 및 평가도구에 따른 학습자 평가
↓	
평가 결과 분석 및 피드백 실시	• 교육 과정 및 교수학습 방법 개편 방안 마련 • 학습자 평가 효과성 제고 및 평가 방법, 절차 개선 방안 마련

(자) NCS 교과 평가 문항 개발

① 과정명, 교과목명, 해당 능력단위, 평가 유형, 평가 문항, 과제물 결과 예시, 과제물 제출 및 보관 방법, 평가 항목, 배점, 성취 기준 등을 포함한 평가 문항 서식을 적용한다.
② 평가 유형별 다양한 직종의 평가 문항 예시들과 어떤 유형의 과제일 경우 어떤 평가 유형을 선택할 수 있는지에 대한 자세한 예시를 함께 제시한다.
③ 교과목(능력단위별) 평가를 원칙으로 하며 해당 능력단위별 1회 이상 훈련생 성취도를 파악하기 위해 평가를 실시한다.
 - 하나의 능력단위를 평가할 때 평가 문항은 능력단위 요소별로 하나의 평가 문항을 개발할 수도 있으며, 2개 이상의 능력단위 요소가 서로 순차적으로 수행되거나 또는 연계성이 높은 경우, 그 관련된 복수의 능력단위 요소들을 종합적으로 평가할 수 있는 평가 문항을 개발하여 평가하는 것도 가능하다. (예 : 작업 준비하기, 본가공 수행하기

가 연계될 경우 1개의 평가 문항으로 2개의 능력단위 요소를 평가할 수 있음)
- 평가 문항을 개발하는 방법은 능력단위 요소별 수행 준거, 평가 시 고려사항, 지식·기술·태도 등을 종합적으로 고려하여 능력단위 요소별 수행 준거의 내용을 판단할 수 있는 종합 과제를 개발하여 평가할 수 있다.

④ 평가 문항 개발 시 신규 문항 개발에 어려움이 있을 경우 학습 모듈의 수행 내용 및 평가 방법, 국가기술자격 기출문제, 과정평가형 및 NCS 기반 자격(구 신직업 자격)의 문제 원형 등을 참고하여 평가 문항을 개발하여 활용할 수 있다.

(차) NCS 교과 과제별 채점표

① 평가 문항의 평가 항목에 의한 훈련생의 채점 결과를 기록한 서식을 활용할 수 있다.
② 훈련생 한 명당 한 장의 평가표를 작성할 수도 있지만, 교육 훈련 과정 전체 훈련생들에 대해 한 장으로 평가할 수 있는 서식을 적용하면 행정을 줄일 수 있다.
③ 평가 유형과 평가 문항 내용에 따라 같은 서식 또는 변형하여 활용이 가능하다.
④ 평가 항목에 대한 득점 부여는 100점 만점으로 기록하기보다는 5점(매우 우수), 4점(우수), 3점(보통), 2점(미흡), 1점(매우 미흡)처럼 5점 척도로 부여하여, 득점을 기록하는 것에 대한 간편성과 직관성으로 효율이 높은 배점 기준을 적용할 수 있다.
⑤ 5점 척도에 의한 평가 결과를 100점 만점으로 환산하여 기록하고, 그 결과에 따라 구간을 설정하여 능력단위 요소별 성취 수준을 판정할 수 있다(〈표 1-6〉 참조).

〈표 1-6〉 NCS 교과목 성취 기준 구간

점수 구간	90~100점	80~89점	70~79점	60~69점	60점 미만
성취 수준 환산	5	4	3	2	1

⑥ 위의 〈표 1-6〉의 예시는 평가 문항에 대한 평가 항목별 배점을 동일하게 설정하였으나, 훈련기관 및 직종 특성에 따라 배점(가중치)을 달리하여 평가할 수 있다.
⑦ 환산된 점수를 학점에 반영할 수 있다(〈표 1-7〉 참조).

〈표 1-7〉 NCS 교과목 점수를 학점에 반영(예시)

학점	A+	A-	B+	B-	C+	C-	D+
점수 환산 구간	95~100	90~94	85~89	80~84	75~79	70~74	65~69

⑧ 과제 평가 결과에 대한 교수자의 학생 개인별 피드백이 필요한 경우 별도 양식을 만들어 기록할 수 있다.

(카) NCS 교과 평가자료

① 평가 근거 자료인 훈련생들이 제출한 과제물(작품, 보고서 등) 결과를 보관하는 서식을 활용할 수 있다.
② 평가 과제에 대한 결과물은 학생 작품 형태와 같이 평가 유형에 따라 결과물이 존재하는 평가 유형(포트폴리오, 문제 해결 시나리오, 사례 연구, 일지/저널 등)과 결과물이 존재하지 않는 평가 유형(역할 연기, 구두발표, 작업장 평가 등)이 존재할 수 있다.
③ 과제물이 보고서 등 파일 형태일 경우 파일로 보관할 수 있으며, 그림이나 작품 형태는 이미지 또는 사진을 찍어 NCS 교과 평가자료 서식에 삽입하여 보관할 수 있다.

(타) NCS 교과 성적관리표

① 평가 문항별 훈련생의 점수를 합산하여 최종 능력단위의 점수와 성취 수준을 판정하는 서식을 활용할 수 있다.
② NCS 교과 과제별 채점표 서식에서 평가 문항별 100점 만점으로 득점한 점수들을 취합하여 평균 점수를 산출하고, 설정한 성취 기준 구간을 활용하여 평가 대상 능력단위의 최종 점수와 성취 수준을 판정할 수 있다.
 - 이때 능력단위 요소별 배점(가중치)을 달리하여 평가할 수도 있다.

(파) NCS 교과 평가 유형별 문항(예시)

① 포트폴리오(교보재 제시형)

과정명	주얼리 디자인			교과목명	주얼리 디자인 기초
능력단위명	보석 디자인 렌더링	능력단위 요소명	핸드 렌더링 완성하기	평가 유형	포트폴리오
평가일		평가 시간	3시간	평가자	○○○(인)
평가 문항 (수행 내용)	제시된 보석반지 실물(또는 사진)을 보고 아래 조건을 참조하여 렌더링 결과물을 제출하시오. ● 재료: 수채화 물감, 마카 ● 규격: A4 ● 크기: 실물*1.5~2배 ● 제시 자료(실물 또는 사진)				
과제물 결과 (예시)					
과제물 제출 및 보관	제출물		렌더링 결과 A4 1장		
	평가자료 보관 방법		스캔 또는 사진 촬영 후 JPG 파일로 보관		
평가 항목	형태 표현 완성도, 색채 표현 완성도, 보석 재질 표현 완성도, 귀금속 재질 표현 완성도, 세팅 표현 완성도				
성취 기준	평가 항목 득점 부여: 5점(매우 우수), 4점(우수), 3점(보통), 2점(미흡), 1점(매우 미흡)				

점수 구간	90~100점	80~89점	70~79점	60~69점	60점 미만
성취 수준 환산	5	4	3	2	1

NCS 교과 과제별 채점표

과정명	주얼리 디자인			교과목명	주얼리 디자인 기초
능력단위명	보석 디자인 렌더링	능력단위 요소명	핸드 렌더링 완성하기	평가 유형	포트폴리오
평가일		평가 시간	3시간	평가자	○○○ (인)

번호	성명	평가 항목 및 득점					점수 환산 (총득점/만점)*100	성취 수준
		형태 표현 완성도	색채 표현 완성도	보석 재질 표현 완성도	귀금속 재질 표현 완성도	세팅 표현 완성도		
1	○○○	5	5	5	5	4	(5+5+5+5+4)/25*100	5
2	○○○	5	5	5	5	4	96.0	5
3	○○○							
4	○○○							
5	○○○							
6	○○○							
7	○○○							
8	○○○							
9	○○○							
10	○○○							
11	○○○							
12	○○○							
13	○○○							
14	○○○							
15	○○○							
16	○○○							
17	○○○							
18	○○○							
19	○○○							
20	○○○							
21	○○○							
22	○○○							
23	○○○							
24	○○○							
25	○○○							

NCS 교과 평가자료

과정명	주얼리 디자인			교과목명	주얼리 디자인 기초
능력단위명	보석 디자인 렌더링	능력단위 요소명	핸드 렌더링 완성하기	평가 유형	포트폴리오
평가일		평가 시간	3시간	평가자	○○○ (인)
번호	성명	결과물	번호	성명	결과물
1	○○○		16	○○○	
2	○○○		17	○○○	
3	○○○		18	○○○	
4	○○○		19	○○○	
5	○○○		20	○○○	
6	○○○		21	○○○	
7	○○○		22	○○○	
8	○○○		23	○○○	
9	○○○		24	○○○	
10	○○○		25	○○○	
11	○○○				
12	○○○				
13	○○○				
14	○○○				
15	○○○				

○ 포트폴리오(도면 제시형)

과정명	\multicolumn{3}{c}{CAD & 모델링}	교과목명	모델링 실습
능력단위명	3D 형상 모델링	능력단위 요소명	3D 표현하기	평가 유형	포트폴리오
평가일		평가 시간	4시간	평가자	O O O (인)
평가 문항 (수행 내용)	\multicolumn{5}{l}{주어진 2D 도면을 참조하여 3D 모델링을 완성하여 제출하시오. ● 사용 프로그램: NX4 ● 소스: FULLDOWN 메뉴 ● 재질: METAL ● 제시 자료(2D도면)}
과제물 결과 (예시)					
과제물 제출 및 보관	\multicolumn{2}{c}{제출물}	\multicolumn{3}{c}{데이터 파일 1개}
	\multicolumn{2}{c}{평가자료 보관 방법}	\multicolumn{3}{c}{데이터 파일로 보관}
평가 항목	\multicolumn{5}{l}{도면 해독, 치수 정확도, 형태 완성도, (중략), 재질 표현 완성도}
성취 기준	\multicolumn{5}{l}{평가 항목 득점 부여: 5점(매우 우수), 4점(우수), 3점(보통), 2점(미흡), 1점 (매우 미흡)}

점수 구간	90~100점	80~89점	70~79점	60~69점	60점 미만
성취 수준 환산	5	4	3	2	1

○ 포트폴리오(보고서 제시형)

과정명	바이오 식품			교과목명	화학 및 실습
능력단위명	시료 전처리	능력단위요소명	전처리 실시하기	평가유형	포트폴리오
평가일		평가 시간	6시간	평가자	○○○(인)
평가 문항 (수행 내용)	지급된 분석 시료의 전처리 계획을 수립하고 물리적, 화학적, 생물학적 전처리 결과를 보고서 형식으로 제출하시오 ● 제출 양식: A4 5장 내외 ● 구성: 3명 1조로 분석별 1과제씩 작성 ● 데이터: 표와 그래프				
과제물 결과	보고서 파일(한글 등 문서파일)				
과제물 제출 및 보관	제출물		보고서 파일(한글 등 문서파일)		
	평가자료 보관 방법		1인당 파일 1개 보관		
평가 항목	전처리 계획 수립, 물리적 전처리 결과, 화학적 전처리 결과, (중략), 생물학적 전처리 결과				
성취 기준	평가 항목 득점 부여: 5점(매우 우수), 4점(우수), 3점(보통), 2점(미흡), 1점(매우 미흡)				
	점수 구간	90~100점	80~89점	70~79점	60~69점	60점 미만
	성취 수준 환산	5	4	3	2	1

포트폴리오(창작물 제출형)

과정명		콘텐츠 디자인		교과목명	그래픽 제작
능력단위명	시안 디자인 개발	능력단위 요소명	아트웍하기	평가 유형	포트폴리오
평가일		평가 시간	8시간	평가자	○ ○ ○ (인)
평가 문항 (수행 내용)		다음 조건에 맞는 패키지(포장)를 디자인하여 결과물을 제출하시오. ● 주제: 떡을 주제로 패키지 디자인 ● 전개도 크기: A3 이내 ● 과제 요구사항: 심벌마크와 로고타이프의 조합형을 디자인, 이미지 합성 및 편집, 적절한 타이포그래피, CMYK 4원색과 별색 삽입, 바코드 및 제품 소개 내용 삽입, 인쇄 용도에 맞는 레지스트레이션 마크, 접는선, 블리드, 타발선의 올바른 적용				
과제물 결과						
과제물 제출 및 보관	제출물			최종 파일 1개, 입체물 1개		
	평가자료 보관 방법			입체물 사진 1개 보관		
평가 항목		이미지 구현, 타이포그래피, 색의 활용, 입체 표현 완성도, 출력 및 수정 보완, 과제 요구사항 만족도				
성취 기준		평가 항목 득점 부여: 5점(매우 우수), 4점(우수), 3점(보통), 2점(미흡), 1점(매우 미흡)				

	점수 구간	90~100점	80~89점	70~79점	60~69점	60점 미만
	성취 수준 환산	5	4	3	2	1

② 문제 해결 시나리오(오류 및 작동 불능 과제를 진단하고 개선할 수 있는 과제 평가 시)

과정명	자동차			교과목명	자동차 전기전자 장치 정비
능력단위명	냉난방 장치 정비	능력단위 요소명	냉난방 장치 점검 및 진단하기	평가 유형	문제 해결 시나리오
평가일		평가 시간	2분	평가자	○○○ (인)
평가 문항 (수행 내용)	여름철 차량 에어컨 악취 냄새의 주원인은 무엇이고 해결하기 위한 정비 방법에 대하여 작성하시오.					
정답	●원인: 냄새 나는 원인은 박테리아가 실내 공간을 떠돌며 에어컨을 가동할 때 조수석 안쪽에 에바라는 부품이 있는데 여기에서 박테리아가 증식하기 때문 ● 정비 방법: 에바 크리닝 및 공조기 세척 등					
과제물 제출 및 보관	제출물			평가 문항지		
	평가자료 보관 방법			평가 문항지철 보관		

평가 항목	성취 기준	채점 기준
	5	문제의 주요한 요소를 모두 규명함. 문제 해결을 위한 적절하고 체계적인 전략을 보임. 해결 과정에 대한 명확한 증거를 제시함.
	4	문제의 주요한 요소를 대부분 규명함. 많은 경우에 문제 해결을 위한 적절하고 체계적인 전략을 보임. 해결 과정에 대한 명확한 증거를 제시함.
	3	문제의 중요한 요소를 어느 정도 규명함. 문제 해결을 위한 전략을 사용한 증거를 어느 정도 보임. 그러나 과정이 불완전함.
	2	문제의 주요한 요소를 거의 규명하지 못함. 문제 해결을 위한 전략을 사용한 증거가 거의 없음. 과정을 알 수 없음.
	1	관련 없는 외부의 정보를 사용함. 문제 부분을 그대로 옮겨 적음. 문제 해결에 대한 시도가 없음

성취 기준	평가 항목 득점 부여: 5점(매우 우수), 4점(우수), 3점(보통), 2점(미흡), 1점(매우 미흡)				
	점수 구간	90~100점	80~89점	70~79점	60~69점	60점 미만
	성취 수준 환산	5	4	3	2	1

CHAPTER 1. 강의자료 개발 개요

○ 문제 해결 시나리오(문제 해결을 위해 자료와 정보 수집 등을 바탕으로 도출될 수 있는 문제를 해결하고 분석 결과를 통해 원하는 성과를 도출할 수 있는 과제 평가 시 반영)

과정명	콘텐츠 디자인			교과목명	그래픽 제작
능력단위명	시안 디자인 개발	능력단위 요소명	디자인 요소 수집하기	평가 유형	문제 해결 시나리오
평가일		평가 시간	6시간	평가자	○ ○ ○ (인)
평가 문항 (수행 내용)	다음 조건에 맞는 디자인에 사용할 원고와 사진 또는 삽화 등의 디자인 자료를 직접 제작 방법과 웹 검색 방법을 통해서 수집하고, 시안 방향별로 분류하여 시안을 구상하여 보고서로 제출하시오. ● 주제: '제11회 서울국제만화애니메이션 영화제'를 위한 아이덴티티 디자인 ● 과제 요구사항: 추후 영화제 콘셉트에 부합하는 기본 심벌마크와 로고타이프, 캐릭터를 디자인하고, 명함, 포스터, 배너, 사인류, 차량 광고, 입장권, CD 재킷, 서식류, 티셔츠, 컵, 펜, 패키지 등 필요한 아이덴티티 응용 시스템을 디자인할 예정. 웹 검색을 통해 다운로드한 이미지는 출처를 별도로 표기				
과제물 결과 (예시)	보고서 파일(한글, PPT 등 문서 파일)				
	디자인 요소를 수집한 스크랩북 예시			웹 검색을 통한 디자인 자료 수집 예시	
과제물 제출 및 보관	제출물			보고서 파일(한글, PPT 등 문서 파일)	
	평가자료 보관 방법			1인당 파일 1개 보관	
평가 항목	자료 수집, 시안 방향 구분, 콘셉트 적용 적합 여부, 시안 작업 방법 계획, 개발 시안 예상, 아이디어 도출				
성취 기준	평가 항목 득점 부여: 5점(매우 우수), 4점(우수), 3점(보통), 2점(미흡), 1점(매우 미흡)				
	점수 구간	90~100점	80~89점	70~79점	60~69점	60점 미만
	성취 수준 환산	5	4	3	2	1

③ 서술형 시험(서술형, 계산형 등)

과정명		~~~~		교과목명	~~~~
능력단위명	~~~~	능력단위 요소명	~~~~ ~~~~	평가 유형	서술형 시험
평가일		평가 시간	1시간	성명	
				평가자	○○○(인)

평가 문항 (수행 내용)	○ **서술형** 문항) 시장 분석 방법 중 SWOT 분석에 대해 설명하시오. 정답) 외부 환경을 기회와 위협으로 구분하고, 내부 여건을 강점과 약점으로 구분하여 분석하는 기법이다. ○ **계산형** 문항) 방사 시 아래와 같은 조건으로 생산 시 일생산량을 kg 단위로 계산하시오. (단, 계산 과정과 답을 모두 기입하시오) 데니어: 900데니어, 방사 속도: 1,000m/min, 엔드 수: 10엔드(6엔드/와인더), 와인더 수: 10개, 와인더 효율: 100% 식) [(900데니어×1,000m/min)/9,000 × 10엔드 × 10와인더 × 1(효율 100%) × 1,440분] / 1,000g = 14,400kg/일 정답) 14,400kg

과제물 결과(예시)	필요 없음	
과제물 제출 및 보관	제출물	평가 시험지
	평가자료 보관 방법	평가 시험지 보관
평가 항목	-	

성취 기준	평가 항목 득점 부여: 5점(매우 우수), 4점(우수), 3점(보통), 2점(미흡), 1점(매우 미흡)				
	점수 구간	90~100점	80~89점	70~79점	60~69점	60점 미만
	성취 수준 환산	5	4	3	2	1

④ 논술형 시험(자신의 견해나 주장을 논리적으로 기술하게 하여 평가하고자 할 때)

과정명	~~~~			교과목명	일반 영업
능력단위명	~~~~	능력단위 요소명	~~~~ ~~~~	평가 유형	논술형 시험
평가일		평가 시간	○○분/시간	평가자	○ ○ ○ (인)
평가 문항 (수행 내용)	잠재적 고객을 충성고객으로 만들어 우리 제품을 구매할 수 있도록 하기 위한 방안에 대해서 본인의 견해를 작성하시오.					
과제물 결과 (예시)	필요 없음					
과제물 제출 및 보관	제출물			평가 시험지		
	평가자료 보관 방법			평가 시험지 보관		
평가 항목	합리적 방안 제시, (중략), 논리성, 설득력					
성취 기준	평가 항목 득점 부여: 5점(매우 우수), 4점(우수), 3점(보통), 2점(미흡), 1점(매우 미흡)					
	점수 구간	90~100점	80~89점	70~79점	60~69점	60점 미만
	성취 수준 환산	5	4	3	2	1

⑤ 사례 연구(시장조사, 사례 분석, 통계, 정보 수집 등을 요구하는 과제 평가 시 반영)

과정명	패션 마케팅			교과목명	마케팅 리서치 실습
능력단위명	패션 시장 현황 분석	능력단위 요소명	자사 및 경쟁사 분석하기	평가 유형	사례 연구
평가일		평가 시간	8시간	평가자	○○○ (인)
평가 문항 (수행 내용)	다음과 같은 수행 순시와 내용으로 경쟁사 현황을 조사·분석하여 시장조사 보고서를 제출하시오. 1. '자사 현황 분석하기'에서 선택한 자사 브랜드의 경쟁 브랜드를 선정한다. 2. 경쟁 브랜드 현황에 대한 조사 방법을 선정한다. 3. 경쟁 브랜드들의 매장을 방문하여 매장 환경과 상품을 조사한다. 4. 인터넷과 모바일을 이용하여 온라인 쇼핑몰 내의 상품 정보를 확인한다. 5. 경쟁 브랜드에 대해 조사한 내용과 특이 사항을 정리하여 보고서를 작성한다. ● 형식: 보고서 또는 논문 형식으로 제출(제공한 '시장조사 보고서' 서식 활용) ● 분량: A4 10장 내외				
과제물 결과 (예시)	보고서 파일(한글 등 문서 파일)				
과제물 제출 및 보관	제출물	보고서 파일(한글 등 문서 파일)			
	평가자료 보관 방법	1인당 파일 1개 보관			
평가 항목	경쟁사 선정 방법, 시장 환경 변화 자료, 시장조사 자료, 포지셔닝 맵 작성, 보고서 완성도				
성취기준	평가 항목 득점 부여: 5점(매우 우수), 4점(우수), 3점(보통), 2점(미흡), 1점(매우 미흡)				

점수 구간	90~100점	80~89점	70~79점	60~69점	60점 미만
성취 수준 환산	5	4	3	2	1

⑥ 평가자 질문(면접형 문제 평가 시 반영)

과정명		콘텐츠 디자인		교과목명	웹 디자인
능력단위명	프로젝트 완료	능력단위요소명	프로젝트 결과 보고서 작성하기	평가유형	평가자 질문
평가일		평가 시간	5분	평가자	○○○ (인)
평가 문항 (수행 내용)		제작이 완료된 웹사이트를 문서화하여 프로젝트 결과 보고서를 작성할 때 어떤 내용들이 포함된 보고서를 작성해야 합니까? 그리고 왜 프로젝트 결과를 문서화시켜서 보관해야 하는지 그 중요성을 설명하세요.
정답		콘셉트, 메뉴 구조도, 플로 차트, 사이트 맵, 스토리보드, 스타일 가이드, 데이터베이스 문서 등을 작성하고, 업데이트나 유지 보수 또는 개발자가 바뀔 경우 등에 대처하기 위함의 취지로 설명한다.
과제물 제출 및 보관		제출물	colspan="3"	필요 없음
		평가자료 보관 방법	colspan="3"	필요 없음

채점 기준			응답의 적절성		응답 태도			
		성취 기준	채점 기준		자신감	의사전달 능력	용모와 태도	적극성
		5	문서화 포함 내용 종류 5가지 이상, 중요성을 매우 잘 설명함		2	2	2	2
		4	문서화 포함 내용 종류 4가지와 중요성을 잘 설명함					
		3	문서화 포함 내용 종류 3가지와 중요성을 보통으로 설명함					
		2	문서화 포함 내용 종류 2가지와 중요성을 부족하게 설명함		1	1	1	1
		1	문서화 종류 1가지 이하, 중요성을 설명하지 못함					

성취 기준						
- 응답의 적절성: 5점(매우 우수), 4점(우수), 3점(보통), 2점(미흡), 1점(매우 미흡)						
- 응답 태도: 2점(우수 이상), 1점(보통 이하)						
	점수 구간	90~100점	80~89점	70~79점	60~69점	60점 미만
	성취 수준 환산	5	4	3	2	1

⑦ 평가자 피드백해 주며 평가 시 반영(작품이나 과제물에 대한 학습 결과를 평가 항목별로 체크해 나가며 피드백해 주며 평가 시 반영)

과정명	콘텐츠 디자인			교과목명	그래픽 제작
능력단위명	시안 디자인 개발	능력단위 요소명	아트웍 하기	평가 유형	평가자 체크리스트
평가일		피드백해 주며 평가 시 반영함	8시간	평가자	○○○ (인)
평가 문항 (수행 내용)	다음과 같은 요구사항에 맞는 입장권을 디자인하여 제출하시오. 1. 주제: '공룡월드엘림허브파크(Dinosaur World Elmherb Park)'의 심벌, 로고와 입장권 디자인 2. 과제 요구사항 ● 입장권 규격: 가로 150mm(접는 부분 45mm 포함) × 세로 60mm ● 블리드 값: 5mm ● QR코드: 25mm × 25mm, K100 ● 색상: CMYK, 지정 색 ● 이미지 해상도: 300DPI ● 심벌과 로고를 디자인하고 3개의 지정 색(3 spot color) 이내로 제작하여 입장권에 삽입 ● 출력물은 인쇄에 적합한 레지스트레이션 마크, 크롭마크, 블리드, 접는 선, 타발선 등을 표시하여 제출 ● 주어진 이미지 사진과 텍스트를 모두 사용 디자인할 것 3. 생략~~~				
과제물 결과 (형식 예시)					
과제물	제출물		컬러 출력한 최종 결과물(A3) 1장, 최종 데이터		

CHAPTER 1. 강의자료 개발 개요

제출 및 보관	평가자료 보관 방법	파일 1개 1인당 파일 1개 보관			
평가 항목	평가 구분	순번	평가 내용	평가 기준	평가 결과 (성취 수준)
					예 / 아니오
	sketch	1	스케치 시안 2개안(심볼 및 로고, 입장권)이 있다	심볼 및 로고, 입장권	✓
		2	sketch와 컴퓨터 작업의 연관성이 있다	Y/N	✓
	컴퓨터 사용	3	이미지 해상도가 과제 요구사항과 같다	300dpi	✓
		4	이미지 컬러와 색상 모드가 과제 요구사항과 같다	CMYK, 지정 색	✓
		5	과제가 요구한 지정색을 사용했다	심볼 및 로고: 3 spot 이내 일련번호: 1 spot, 오버프린트	✓ (아니오)
		6	규격이 과제에서 요구한 규격에 맞다	입장권: 가로 150mm(접는 부분 45mm포함) 세로 60mm	✓
		7	과제에서 요구한 모든 텍스트가 있다	Y/N	✓
		8	과제에서 요구한 모든 요소(이미지 등)가 있다	A면 입장권, 심볼로고 (한글로고), 큐알코드, 공룡문양, 제시된 텍스트, 일련번호 B면 제시된 텍스트, 일련번호	✓
	수공 능력	9	과제에서 요구한 출력물이 모두 있다	Y/N	✓
	인쇄 지식	10	적용된 블리드, 절취선, 크롭마크, 레지스트레이션 마크가 과제에서 요구한 것과 같다	레지스트레이션 마크, 절취선 (1개 지정 색, 오버프린트), 블리드: 5mm	✓
		11	지정색, CMYK 색상이 과제에서 요구한 것과 일치한다	CMYK, 심볼로고 3spot 이내, 일련번호 1spot color, 오버프린트	✓ (아니오)
		12	큐알코드의 색상이 과제에서 요구한 것과 일치한다	K100%	✓
		13	일련번호는 과제 요구사항과 일치한다	2곳 배치, 1spot, 오버프린트	✓
	파일 저장	14	데이터 저장 파일 포맷과 파일명이 정확하다	최종 입장권_학번.ai	✓
		15	최종 폴더가 과제 요구대로 저장되었다	1개의 최종 폴더, 5개의 파일, 필요한 경우 링크되거나 사용한 이미지와 폰트	✓
성취 기준	평가 항목 득점 부여: 5점(매우 우수), 4점(우수), 3점(보통), 2점(미흡), 1점(매우 미흡)				
	점수 구간	90~100점	80~89점	70~79점	60~69점	60점 미만
	성취 수준 환산	5	4	3	2	1

NCS 교과 과제별 채점표

과정명	콘텐츠 디자인								교과목명	그래픽 제작	
능력단위명	시안 디자인 개발		능력단위 요소명			아트웍하기			평가 유형	평가자 체크리스트	
평가일			피드백해 주며 평가 시 반영함			16시간			평가자	○ ○ ○ (인)	

번호	성명	평가 항목(순번) 및 득점															점수 환산 (총득점/ 만점)*100	성취 수준
		1	2	3	4	5	6	7	8	9	10	11	12	13	14	15		
1	홍길동	○	○	○	○	○	○	○	×	○	○	○	○	○	○	○	(14개/15개)*100	5
2	홍길동	○	○	○	○	○	○	○	○	○	×	○	○	○	○	○	93.3	5
3	홍길동																	
4	홍길동																	
5	홍길동																	
6	홍길동																	
7	홍길동																	
8	홍길동																	
9	홍길동																	
10	홍길동																	
11	홍길동																	
12	홍길동																	
13	홍길동																	
14	홍길동																	
15	홍길동																	
16	홍길동																	
17	홍길동																	
18	홍길동																	
19	홍길동																	
20	홍길동																	
21	홍길동																	
22	홍길동																	
23	홍길동																	
24	홍길동																	
25	홍길동																	
26	홍길동																	
27	홍길동																	
28	홍길동																	
29	홍길동																	
30	홍길동																	

○ 평가자 체크리스트(작품이나 과제물에 대한 학습 결과를 측정에 의해 체크해 나가며 피드백해 주며 평가 시 반영)

과정명		기계가공		교과목명	선반가공
능력단위명	홈·테이퍼 작업	능력단위요소명	작업 준비하기 본 가공 수행하기	평가유형	평가자 체크리스트
평가일		피드백해주며 평가 시 반영함	8시간	평가자	○ ○ ○ (인)
평가 문항 (수행 내용)	\multicolumn{5}{l}{지급된 재료를 이용하여 도면과 같이 정밀 테이퍼 축을 가공하시오. 1. 주제 일반 공차의 치수는 기준 치수 6mm 이하는 ±0.1mm, 6mm 초과 30mm 이하는 ±0.2mm, 30mm 120mm 이하는 ±0.3mm로 하며 일반 모따기는 C0.2로 한다. 2. 도면}
과제물 결과 (예시)	\multicolumn{5}{c}{[정밀 테이퍼 축 가공 공작물 형상]}
과제물	제출물			정밀 테이퍼 축 가공 공작물 1개	

제출 및 보관	평가자료 보관 방법		전체 훈련생 작품을 놓고 사진을 찍어 보관		
평가 항목	평가 구분	순번	도면 치수(평가 내용)	측정 치수	평가 결과 (성취 수준)
					예	아니오
	정밀 치수	1	⌀20 0 -0.052		✓	
		2	⌀28 0 -0.052		✓	
		3	⌀36 0 -0.052		✓	
		4	⌀28 0 -0.052		✓	
	일반 치수	5	⌀24±0.2			✓
		6	18±0.2			✓
		7	5±0.1		✓	
		8	15±0.2		✓	
		9	20±0.2		✓	
		10	20±0.2		✓	
		11	5±0.1			✓
		12	100±0.3		✓	
	테이퍼	13	5°±0°5′		✓	
		14	4°±0°5′		✓	

성취 기준	평가 항목 득점 부여: 5점(매우 우수), 4점(우수), 3점(보통), 2점(미흡), 1점(매우 미흡)				
	점수 구간	90~100점	80~89점	70~79점	60~69점	60점 미만
	성취 수준 환산	5	4	3	2	1

NCS 교과 과제별 채점표

과정명	기계가공		교과목명	선반가공
능력단위명	홈·테이퍼 작업	능력단위 요소명	작업 준비하기 / 본 가공 수행하기	평가 유형	평가자 체크리스트
평가일		평가 시간	3시간	평가자	○ ○ ○ (인)

번호	성명	평가 항목(순번) 및 득점														점수 환산 (총득점/만점)*100	성취 수준
		1	2	3	4	5	6	7	8	9	10	11	12	13	14		
1	홍길동	○	○	○	○	○	○	○	×	○	○	○	○	○	○	(13개/14개)* 100	5
2	홍길동	○	○	○	○	○	○	○	○	○	×	○	○	○	○	93.3	5
3																	
4																	
5																	
6																	
7																	
8																	
9																	
10																	
11																	
12																	
13																	
14																	
15																	
16																	
17																	
18																	
19																	
20																	
21																	
22																	
23																	
24																	
25																	

⑧ 피평가자 체크리스트(학습자 스스로 학습 과정이나 작업 결과에 대해 자세하게 평가하도록 하고, 교수자가 그 결과를 피드백해 주며 평가 시 반영)

과정명		콘텐츠 디자인		교과목명	그래픽 제작
능력단위명	시안 디자인 개발	능력단위 요소명	아트웍 하기	평가 유형	피평가자 체크리스트
평가일		평가 시간	8시간	평가자	○ ○ ○ (인)
평가 문항 (수행 내용)		다음과 같은 요구사항에 맞는 입장권을 디자인하여 제출하시오. 1. 주제: '공룡월드엘림허브파크(Dinosaur World Elmherb Park)'의 심벌, 로고와 입장권 디자인 2. 과제 요구사항 ● 입장권 규격: 가로 150mm(접는 부분 45mm 포함) × 세로 60mm ● 블리드 값: 5mm ● QR코드: 25mm × 25mm, K100 ● 색상: CMYK, 지정 색 ● 이미지 해상도: 300DPI ● 심벌과 로고를 디자인하고 3개의 지정 색(3 spot color) 이내로 제작하여 입장권에 삽입 ● 출력물은 인쇄에 적합한 레지스트레이션 마크, 크롭마크, 블리드, 접는 선, 타발선 등을 표시하여 제출 ● 주어진 이미지 사진과 텍스트를 모두 사용 디자인할 것 3. 생략~~~			
과제물 결과 (형식 예시)		(이미지)			
과제물 제출 및 보관	제출물		컬러 출력한 최종 결과물(A3) 1장, 최종 데이터 파일 1개		
	평가자료 보관 방법		1인당 파일 1개 보관		

평가 구분		순번	평가 내용	평가 기준	평가 결과 (성취 수준)	
					예	아니오
평가 항목	sketch	1	스케치 시안 2개안(심볼 및 로고, 입장권)이 있다	심볼 및 로고, 입장권	✓	
		2	sketch와 컴퓨터 작업의 연관성이 있다	Y/N	✓	
	컴퓨터 사용	3	이미지 해상도가 과제 요구사항과 같다	300dpi	✓	
		4	이미지 컬러와 색상 모드가 과제 요구사항과 같다	CMYK, 지정 색	✓	
		5	과제가 요구한 지정색을 사용했다	심볼 및 로고 : 3 spot 이내 일련번호: 1 spot, 오버프린트		✓
		6	규격이 과제에서 요구한 규격에 맞다	입장권: 가로 150mm(접는 부분 45mm 포함) 세로 60mm		✓
		7	과제에서 요구한 모든 텍스트가 있다	Y/N	✓	
		8	과제에서 요구한 모든 요소 (이미지 등)가 있다	A만: 입장권, 심볼로고 (한글로고), 큐알코드, 공룡문양, 제시된 텍스트, 일련번호 B만: 제시된 텍스트, 일련번호	✓	
	수공 능력	9	과제에서 요구한 출력물이 모두 있다	Y/N	✓	
	인쇄 지식	10	적용된 블리드, 절취선, 크롭 마크, 레지스트레이션 마크가 과제에서 요구한 것과 같다	레지스트레이션 마크, 절취선 (1개 지정 색, 오버프린트), 블리드: 5mm	✓	
		11	지정 색, CMYK 색상이 과제에서 요구한 것과 일치한다	CMYK, 심볼로고 3spot이내, 일련번호 1spot color, 오버프린트		✓
		12	큐알코드의 색상이 과제에서 요구한 것과 일치한다	K100%	✓	
		13	일련번호는 과제 요구사항과 일치한다	2곳 배치, 1spot, 오버프린트	✓	
	파일 저장	14	데이터 저장 파일 포맷과 파일명이 정확하다	최종 입장권_학번.ai	✓	
		15	최종 폴더가 과제 요구대로 저장되었다	1개의 최종 폴더, 5개의 파일, 필요한 경우 링크되거나 사용한 이미지와 폰트	✓	

성취 기준

평가 항목 득점 부여: 5점(매우 우수), 4점(우수), 3점(보통), 2점(미흡), 1점(매우 미흡)

점수 구간	90~100점	80~89점	70~79점	60~69점	60점 미만
성취 수준 환산	5	4	3	2	1

NCS 교과 과제별 채점표

1과정명		콘텐츠 디자인			교과목명	그래픽 제작	
능력단위명		시안 디자인 개발	능력단위 요소명	아트웍 하기	평가 유형	피평가자 체크리스트	
평가일			평가 시간	8시간	평가자	○ ○ ○ (인)	

번호	성명	평가 항목(순번) 및 득점														점수 환산 (총득점/만점)*100	성취 수준
		1	2	3	4	5	6	7	8	9	10	11	12	13	14	15		
1	홍길동	○	○	○	○	○	○	○	×	○	○	○	○	○	○	○	(14개/15개)*100	5
2	홍길동	○	○	○	○	○	○	○	○	○	×	○	○	○	○	○	93.3	5
3																		
4																		
5																		
6																		
7																		
8																		
9																		
10																		
11																		
12																		
13																		
14																		
15																		
16																		
17																		
18																		
19																		
20																		
21																		
22																		
23																		
24																		
25																		

○ 피평가자 체크리스트(학습자 스스로 학습 과정이나 작업 결과에 대해 자세하게 평가하도록 하고, 교수자가 그 결과를 피드백해 주며 평가 시 반영)

과정명	기계가공		교과목명	선반가공
능력단위명	홈·테이퍼 작업	능력단위요소명	작업 준비하기	평가유형	피평가자 체크리스트
			본 가공 수행하기		
평가일		평가 시간	8시간	평가자	○ ○ ○ (인)
평가 문항 (수행 내용)	지급된 재료를 이용하여 도면과 같이 정밀 테이퍼 축을 가공하시오. 1. 주제 일반 공차의 치수는 기준 치수 6mm 이하는 ±0.1mm, 6mm 초과 30mm 이하는 ±0.2mm, 30mm 120mm 이하는 ±0.3mm로 하며 일반 모따기는 C0.2로 한다. 2. 도면					
과제물 결과 (예시)	[정밀 테이퍼 축 가공 공작물 형상]					
과제물 제출 및 보관	제출물	정밀 테이퍼 축 가공 공작물 1개				
	평가자료 보관 방법	전체 훈련생 작품을 놓고 사진을 찍어 보관				

평가 구분		순번	도면 치수 (평가 내용)	측정 치수	학습자 평가		교수자 평가	
					예	아니오	예	아니오
평가 항목	정밀 치수	1	$\varnothing 20 \begin{smallmatrix} 0 \\ -0.052 \end{smallmatrix}$		✓			✓
		2	$\varnothing 28 \begin{smallmatrix} 0 \\ -0.052 \end{smallmatrix}$		✓		✓	
		3	$\varnothing 36 \begin{smallmatrix} 0 \\ -0.052 \end{smallmatrix}$			✓		✓
		4	$\varnothing 28 \begin{smallmatrix} 0 \\ -0.052 \end{smallmatrix}$		✓		✓	
	일반 치수	5	$\varnothing 24 \pm 0.2$		✓		✓	
		6	18 ± 0.2		✓		✓	
		7	5 ± 0.1			✓		✓
		8	15 ± 0.2		✓		✓	
		9	20 ± 0.2		✓		✓	
		10	20 ± 0.2		✓		✓	
		11	5 ± 0.1		✓		✓	
		12	100 ± 0.3			✓		✓
	테이퍼	13	$5° \pm 0°5'$		✓			✓
		14	$4° \pm 0°5'$		✓		✓	

성취 기준

평가 항목 득점 부여: 5점(매우 우수), 4점(우수), 3점(보통), 2점(미흡), 1점(매우 미흡)

점수 구간	90~100점	80~89점	70~79점	60~69점	60점 미만
성취 수준 환산	5	4	3	2	1

NCS 교과 과제별 채점표

과정명		기계가공			교과목명	선반가공	
능력단위명	홈·테이퍼 작업	능력단위 요소명	작업 준비하기 본 가공 수행하기		평가 유형	피평가자 체크리스트	
평가일		평가 시간	8시간		평가자	○○○ (인)	

번호	성명	평가 항목(순번) 및 득점														점수 환산 (총득점/만점)* 100	성취 수준
		1	2	3	4	5	6	7	8	9	10	11	12	13	14		
1	홍길동	○	○	○	○	○	○	○	×	○	○	○	○	○	○	(13개/14개)* 100	5
2	홍길동	○	○	○	○	○	○	○	○	○	×	○	○	○	○	93.3	5
3																	
4																	
5																	
6																	
7																	
8																	
9																	
10																	
11																	
12																	
13																	
14																	
15																	
16																	
17																	
18																	
19																	
20																	
21																	
22																	
23																	
24																	
25																	

⑨ 일지/저널(매일 또는 장기적으로 실험 또는 실습 과정이나 결과를 기록하여 평가 시 반영)

과정명		~~~~		교과목명	~~~~
능력단위명	~~~~	능력단위요소명	~~~~	평가유형	일지/저널
평가일		평가 시간	○○시간	평가자	○ ○ ○ (인)
평가 문항 (수행 내용)		○○에 대한 실험 실습을 수행하면서 매일 실험 실습 일지를 작성하여 그 결과 보고서를 제출하시오.			
과제물 결과 (예시)		실험 실습 보고서			
과제물 제출 및 보관	제출물		실험 실습 보고서			
	평가자료 보관 방법		1인당 보고서 1개 보관			
평가항목		실험 실습 계획 충실성, (중략), 보고서 완성도				
성취 기준		평가 항목 득점 부여: 5점(매우 우수), 4점(우수), 3점(보통), 2점(미흡), 1점(매우 미흡)				

점수 구간	90~100점	80~89점	70~79점	60~69점	60점 미만
성취 수준 환산	5	4	3	2	1

○ 일지/저널(매일 또는 장기적으로 현장 실습 학습과정이나 결과를 기록하여 평가 시 반영)

과정명		~~~~		교과목명	실무적응실습
능력단위명	~~~~	능력단위요소명	~~~~	평가 유형	일지/저널
평가일		평가 시간	40시간	평가자	○ ○ ○ (인)
평가 문항 (수행 내용)		산업 현장 적응력 향상과 신기술 습득을 통해 취업 경쟁력을 강화하고 본인의 전공 분야 중 적성에 맞는 분야를 미리 체험케 하여 성공적인 직장인의 자세를 체득할 수 있는 실무 적응 실습 중 회사에서의 매일 실습 내용을 작성 후 회사로부터 평가 결과를 받아 결과보고서를 제출 하시오.			
과제물 결 과 (예시)		결과 보고서 — 실무 적응 실습 결과 보고서 (아래 양식 참조)			
과제물 제출 및 보관	제출물		결과 보고서		
	평가자료 보관 방법		1인당 보고서 1개 보관		
평가 항목		회사 평가(보고서 평가 항목), 지도교수 평가(실습 결과 보고서 작성 상태, 실무적응 실습 적응성 등)			
성취 기준		회사 평가 80%, 지도교수 평가 20%			

실무 적응 실습 결과 보고서

학생이 작성			회사가 작성			
학과		직종	회사명		주소	
성명		생년월일	담당자		전화	
실습기간		근무부서	업종 (주생산품)		FAX	근무시간

일자	실무적응실습내용(직무내용)	출결(해당란에 O표)					평가(해당점수에 O표)				
		결석	지각	조퇴	지각·조퇴 시간	출결 확인	영역	항목	우수	보통	미흡
						담당자 도장"필"	실습과제수행	실습내용에 대한 지식·기술	8	6	4
								작업의 정확성·완결성	8	6	4
								작업의 창의성	8	6	4
								실습에 대한 적응력	8	6	4
							태도	준비성 및 성실성	8	6	4
								현장실습 만족도	8	6	4
								맡은일에 대한 책임감	8	6	4
							안전관리	안전수칙 숙지	8	6	4
								안전수칙 준수	8	6	4
								정리정돈 상태	8	6	4
							총점	점담당자			(인)
							총평				

상기와 같이 실무 적응 실습 결과를 보고합니다.
년 월 일

⑩ 역할 연기(평가 대상자들에게 가상의 상황을 주고 주어진 상황 속에 특정 인물의 역할을 수행토록 하여 평가 시 반영)

과정명		마케팅		교과목명	고객관리
능력단위명	고객관리 실행	능력단위 요소명	고객 응대하기	평가 유형	역할 연기
평가일		평가 시간	5분	평가자	○○○ (인)
평가 문항 (수행 내용)	고객 전화 문의에 응대하기 위한 상황별 시나리오 카드를 고른 후, 전화 문의 응대 시의 전화 예절을 지켜서 고객을 응대하시오. ● 준비물: 전화기, 상황별 시나리오 카드 등				
과제물 결과 (예시)	필요 없음(상황별 시나리오에 맞는 고객 전화 응대 실습)				
과제물 제출 및 보관	제출물		필요 없음		
	평가자료 보관 방법		필요 없음		

평가 항목				
	평가 구분	순번	평가 항목	평가 내용
	맞이 태도	1	수신의 신속성	발신음 3회 이하(연결 음악 12초 이내)에 신속히 받는다.
		2	최초 인사	최초 인사 시 인사말 + 소속 + 성명을 밝힌다.
		3	발음의 명확성	발음을 명확하게 한다.
		4	응대 음성	밝고 부드러운 음성으로 편안하게 인사를 한다.
	응대 태도	5	경청	고객의 말을 중간에 끊는 행위가 발생하지 않도록 한다.
		6	호응어 사용	"아, 네, 그렇죠, 그러셨어요?" 등의 매우 친근한 호응어를 사용한다.
		7	말의 속도	말의 속도가 적당하여 고객이 이해하기가 쉽다.
		8	생동감 있는 어조	밝고 부드러우며, 생동감 있는 음성으로 편안하게 응대한다.
		9	목소리 크기	목소리가 너무 크거나 작지 않고 고객이 듣기 편하게 이야기한다.
		10	쉬운 용어 선택	어려운 용어를 고객의 동의 없이 사용하지 않는다.
		11	분명한 끝맺음	말끝을 흐리지 않고 분명히 끝맺음을 한다.
		12	합쇼체 사용	합쇼체와 해요체의 비율을 7:3 정도로 활용한다.
		13	격에 맞지 않는 용어 사용	지시어, 부정어의 사용을 하지 않는다.

업무 스킬	14	업무 스킬	고객의 문의사항에 대해 신속 정확하고 적극적으로 설명한다.	
	15	질문 스킬	질문을 통해 고객의 니즈를 파악하며 간결하고 이해하기 쉽게 설명한다.	
종료 태도	16	결과 확인	처리 결과에 대한 만족 여부를 확인한다. ("더 궁금하신 사항은 없으십니까?", 추후 연락 방법 안내, 전화 및 내방 권유 등)	
	17	종료 인사	2개 이상의 인사말을 사용한다(예 감사합니다. 좋은 하루 보내세요).	
	18	종료 시점	고객이 전화를 끊은 후 직원이 끊는다.	

성취 기준	평가 항목 득점 부여: 5점(매우 우수), 4점(우수), 3점(보통), 2점(미흡), 1점(매우 미흡)				
	점수 구간	90~100점	80~89점	70~79점	60~69점	60점 미만
	성취 수준 환산	5	4	3	2	1

NCS 교과 과제별 채점표

과정명		마케팅			교과목명	고객관리
능력단위명		고객관리 실행	능력단위 요소명	고객 응대하기	평가 유형	역할연기
평가일			평가 시간	5분	평가자	○ ○ ○ (인)

번호	성명	평가 항목(순번) 및 득점																		점수 환산 (총 득점/만점)*100	성취 수준
		1	2	3	4	5	6	7	8	9	10	11	12	13	14	15	16	17	18		
1	홍길동	5	5	5	5	3	4	5	5	5	4	5	5	5	5	5	5	5	4	점수합계 /(5*18)*100	5
2	홍길동	5	5	5	5	3	4	5	5	5	4	5	5	5	5	5	5	5	4	94.4	5
3																					
4																					
5																					
6																					
7																					
8																					
9																					
10																					
11																					
12																					
13																					
14																					
15																					
16																					
17																					
18																					
19																					
20																					
21																					
22																					
23																					
24																					
25																					

⑪ 구두 발표(보고서, 창작물, 과제물에 대한 피평가자의 설명이 필요 시)

과정명	패션 마케팅			교과목명	마케팅 리서치 실습
능력단위명	패션 시장 현황 분석	능력단위 요소명	소비자 분석하기	평가 유형	구두 발표
평가일		평가 시간	10분	평가자	○ ○ ○ (인)
평가 문항 (수행 내용)	자사와 경쟁사의 매출 및 주력 품목에 대해 비교 분석하여 발표하시오. ● 발표자료: PPT 10매 내외　　　　● 발표 시간: 10분				
과제물 결과 (예시)	보고서 파일(PPT 문서 파일)로 발표				
과제물 제출 및 보관	제출물		보고서 파일(PPT 문서 파일)		
	평가자료 보관 방법		파일로 보관		

평가 항목	과제물 완성도				발표 태도			
	주제 부합성	내용의 충실성	(중략)...	합리성	자신감	의사전달 능력	용모와 태도	적극성

성취 기준	평가 항목 득점 부여: 5점(매우 우수), 4점(우수), 3점(보통), 2점(미흡), 1점(매우 미흡)				
	점수 구간	90~100점	80~89점	70~79점	60~69점	60점 미만
	성취 수준 환산	5	4	3	2	1

○ 구두 발표(수행 결과물을 보면서 면접형 문제 평가 시 반영)

과정명	기계설계			교과목명	유공압 요소설계
능력단위명	유공압 요소 설계	능력단위 요소명	요구기능 파악하기	평가 유형	구두발표
평가일		평가 시간	10분	평가자	○ ○ ○ (인)
평가 문항 (수행 내용)	본인이 작성한 치공구 설계 도면을 보고, 치공구 구성 요소에 대하여 설명하세요.				
정답	드릴지그는 위치 결정구, 클램프, 부시 등에 관하여 설명한다.				
과제물 제출 및 보관	제출물		필요 없음		
	평가자료 보관 방법		필요 없음		

채점 기준	성취 기준	채점 기준
	5	도면 내에 3가지 구성 요소가 작성되어 있고, 기능을 매우 잘 설명함
	4	도면 내에 3가지 구성 요소가 작성되어 있고, 기능을 잘 설명하지 못함
	3	도면 내에 2가지 구성 요소만 작성되어 있고, 기능을 잘 설명함
	2	도면 내에 2가지 구성 요소만 작성되어 있고, 기능을 부족하게 설명함
	1	도면 내에 1가지 구성 요소만 작성되어 있고, 기능을 설명하지 못함

성취 기준	평가 항목 득점 부여: 5점(매우 우수), 4점(우수), 3점(보통), 2점(미흡), 1점(매우 미흡)					
	점수 구간	90~100점	80~89점	70~79점	60~69점	60점 미만
	성취 수준 환산	5	4	3	2	1

⑫ 작업장 평가(피평가자의 학습 수행과 행동을 관찰하여 공정이나 일의 순서, 과정 등을 중시하는 과제를 평가 시 반영)

과정명	자동차			교과목명	자동차 전기장치 실습
능력단위명	충전장치 정비	능력단위 요소명	충전장치 점검 진단하기	평가 유형	작업장 평가
평가일		평가 시간	2시간	평가자	○○○(인)
평가 문항 (수행 내용)	주어진 자동차에서 발전기 충전장치를 분해 조립하여 점검하고 벨트 장력을 조절하시오. ● 참고자료(사진 또는 도면 등)				
과제물 결과 (예시)	필요 없음				
과제물 제출 및 보관	제출물		필요 없음		
	평가자료 보관 방법		필요 없음		
평가 항목	실습도구 준비 및 정리 상태, 충전장치 진단의 정확성, 분해·조립의 적절성, 시간 분배의 적절성				
성취 기준	평가 항목 득점 부여: 5점(매우 우수), 4점(우수), 3점(보통), 2점(미흡), 1점(매우미흡)				

점수 구간	90~100점	80~89점	70~79점	60~69점	60점 미만
성취 수준 환산	5	4	3	2	1

○ 작업장 평가(피평가자의 학습 수행과 행동을 관찰하여 공정이나 일의 순서, 과정 등을 중시하는 과제를 평가 시 반영)

과정명	헤어 디자인			교과목명	헤어미용실습
능력단위명	샴푸	능력단위 요소명	샴푸 준비하기 / 샴푸 시술하기	평가 유형	작업장 평가
평가일		평가 시간	20분	평가자	○ ○ ○ (인)
평가 문항 (수행 내용)	다음과 같은 수행 순서와 내용으로 샴푸를 시술하시오. 1. 조편성: 2인 1조 편성(고객, 헤어디자이너) 2. 서로의 목적별 샴푸(두피·모발 상태 파악 및 염색·헤어 커트·퍼머넌트 웨이브 전·후 등 시술 목적에 따른 샴푸)를 결정 3. 모발의 정돈과 이물질 제거를 위해 사전 브러시 실시 4. 혈액순환 개선과 신진대사 촉진을 위해 두피 매니플레이션 실시 5. 모발 보호제(헤어 컨디셔너, 헤어 트리트먼 등)도 사용하여 시술 6. 두피·모발을 깨끗하게 세정 7. 샴푸 시술 중 고객의 불편사항이 없는지 점검 8. 타월 드라이 전 단계까지 시술 ● 참고자료(작업 순서를 사진 등으로 제출)					
과제물 결과	필요 없음				
과제물 제출 및 보관	제출물			필요 없음	
	평가자료 보관 방법			필요 없음	
평가 항목	샴푸제 선택, 샴푸제 양 조절, 사전 브러시, 두피 매니플레이션, 목적별 샴푸, 모발 보호제 사용, 깨끗한 세정, 불편사항 점검				
성취 기준	평가 항목 득점 부여: 5점(매우 우수), 4점(우수), 3점(보통), 2점(미흡), 1점(매우 미흡)				
	점수 구간	90~100점	80~89점	70~79점	60~69점	60점 미만
	성취 수준 환산	5	4	3	2	1

⑬ 기타(진위형, 순수단답형, 복수단답형, 완성형, 연결형, 선택형, 선다형 등)

과정명		~~~~		교과목명	일반 영업
능력단위명	~~~~	능력 단위 요소명	~~~~ ~~~~	평가 유형	기타
평가일		평가 시간	50분	성명	
				평가자	○○○ (인)

평가 문항 (수행 내용)

○ **진위형**

문항) 다음 소비자 유형에 대한 설명이 옳으면 ○, 틀리면 ×를 (   )안에 넣으시오.

> 소비자를 잠재 고객, 고정 고객, 충성 고객으로 구분했을 때, 잠재 고객은 꾸준히 해당 제품을 구매하면서 다른 고객에게 소개하는 고객을 의미한다.··················(   )

정답) ○

○ **순수단답형**

문항) 다음에서 설명하고 있는 분석 방법의 명칭을 쓰시오.

> 자사 내·외부 환경 분석 및 강점과 약점의 파악, 다양한 위협 요인 및 기회 요인 포착 등의 분석에 유용한 분석 방법이다.

정답) SWOT 분석

○ **복수단답형**

> 문항) 마케팅의 4P는 price, place, promotion, product를 의미한다. 이 중에서 제품의 속성 및 성능과 관계없는 것을 3가지만 쓰시오.
> 정답) 가격(price), 유통 경로(place), 촉진(promotion)

○ **완성형**

문항) 외부 환경 분석에 관한 내용이다. (   ) 안에 들어갈 용어를 쓰시오.

> 외부 환경 분석 방법 중 3Cs 분석에서 3C는 자사(Company), 경쟁사(Competitor), (   )을/를 가리킨다.

정답) 고객(Customer)

	○ **연결형**
	문항) 다음 세 종류의 고객 유형과 그에 대한 적합한 설명을 바르게 연결하시오.
	가. 잠재 고객 · · a. 아직 구매하지 않고 있으나 향후 구매 가능성이 높은 고객
	나. 고정 고객 · · b. 꾸준히 구매하고 있을 뿐만 아니라 주변 사람들에게 소개하는 고객
	다. 충성 고객 · · c. 꾸준히 구매하고 있지만, 다른 사람들에게 소개는 하지 않는 고객
	정답) 가-a, 나-c, 다-b
	○ **선택형**
	문항) 고객 유형 중에서 우리 제품을 실제 구매한 고객 유형을 고르시오.
	가. 잠재 고객 나. 충성 고객
	다. ~~~~~ 라. ~~~~~~
	정답) 나
	○ **선다형 ([보기] 제시형)**
	문항) [보기]의 고객 유형 중에서 우리 제품을 실제 구매한 고객 유형 두 가지를 골라 쓰시오.
	[보기] 잠재 고객, 고정 고객, 충성 고객
	정답) 고정 고객, 충성 고객

과제물 결과(예시)	필요 없음	
과제물 제출 및 보관	제출물	평가 시험지
	평가자료 보관 방법	평가 시험지 보관
평가 항목	-	

성취 기준	평가 항목 득점 부여: 5점(매우 우수), 4점(우수), 3점(보통), 2점(미흡), 1점(매우 미흡)				
	점수 구간	90~100점	80~89점	70~79점	60~69점	60점 미만
	성취 수준 환산	5	4	3	2	1

CHAPTER 1. 강의자료 개발 개요

※ 능력단위 평가 지필시험 예시

과정명		~~~~		교과목명	~~~~
능력단위명	~~~~	능력단위 요소명	~~~~ ~~~~	평가 유형	혼합형 시험
평가일		평가 시간	50분	성명	
				평가자	○ ○ ○ (인)
평가 영역 (능력단위 요소)		문항		문항배점 100	점수
~~	1. 고객 유형 중에서 우리 제품을 실제 구매한 고객 유형을 고르시오. (5점) 　　가. 잠재 고객　　나. 충성 고객　　다. ~~~~　　라. ~~~~~ 2. 고객 유형 중에서 우리 제품을 실제 구매한 고객 유형을 고르시오. (5점) 　　가. 잠재 고객　　나. 충성 고객　　다. ~~~~　　라. ~~~~~ 3. 고객 유형 중에서 우리 제품을 실제 구매한 고객 유형을 고르시오. (5점) 　　가. 잠재 고객　　나. 충성 고객　　다. ~~~~　　라. ~~~~~ 4. 다음에서 설명하고 있는 분석 방법의 명칭을 쓰시오. (10점) 　　자사 내·외부 환경 분석 및 강점과 약점의 파악, 다양한 위협 요인 및 기회 요인 포착 등의 분석에 유용한 분석 방법이다. 　　(　　　　　　　　　　　　　　)				
~~	5. 고객 유형 중에서 우리 제품을 실제 구매한 고객 유형을 고르시오. (5점) 　　가. 잠재 고객　　나. 충성 고객　　다. ~~~~　　라. ~~~~~ 6. 고객 유형 중에서 우리 제품을 실제 구매한 고객 유형을 고르시오. (5점) 　　가. 잠재 고객　　나. 충성 고객　　다. ~~~~　　라. ~~~~~ 7. 마케팅의 4P는 price, place, promotion, product를 의미한다. 이 중에서 제품의 속성 및 성능과 관계없는 것을 3가지만 쓰시오. (10점) 　　(　　　　　　　　　　　　　　)				
~~	8. 고객 유형 중에서 우리 제품을 실제 구매한 고객 유형을 고르시오. (5점) 　　가. 잠재 고객　　나. 충성 고객　　다. ~~~~　　라. ~~~~~ 9. 고객 유형 중에서 우리 제품을 실제 구매한 고객 유형을 고르시오. (5점) 　　가. 잠재 고객　　나. 충성 고객　　다. ~~~~　　라. ~~~~~ 10. 시장 분석 방법 중 SWOT 분석에 대해 설명하시오. (20점)				

※ 소양교과 및 비 NCS 이론 과목 지필시험 예시

과정명		~~~~		교과목명		~~~~	
평가 유형	혼합형 시험	평가자	○○○ (인)	성명			
평가일		평가 시간	50시간	문항 배점	100	점수	
문항							

1. 고객 유형 중에서 우리 제품을 실제 구매한 고객 유형을 고르시오. (5점)
   가. 잠재 고객 　　나. 충성 고객
   다. ~~~~~ 　　　라. ~~~~~

2. 고객 유형 중에서 우리 제품을 실제 구매한 고객 유형을 고르시오. (5점)
   가. 잠재 고객 　　나. 충성 고객
   다. ~~~~~ 　　　라. ~~~~~

3. 고객 유형 중에서 우리 제품을 실제 구매한 고객 유형을 고르시오. (5점)
   가. 잠재 고객 　　나. 충성 고객
   다. ~~~~~ 　　　라. ~~~~~

4. 다음에서 설명하고 있는 분석 방법의 명칭을 쓰시오. (10점)

   > 자사 내·외부 환경 분석 및 강점과 약점의 파악, 다양한 위협 요인 및 기회 요인 포착 등의 분석에 유용한 분석 방법이다.

   (　　　　　　　　　　　)

5. 고객 유형 중에서 우리 제품을 실제 구매한 고객 유형을 고르시오. (5점)
   가. 잠재 고객 　　나. 충성 고객
   다. ~~~~~ 　　　라. ~~~~~

6. 고객유형 중에서 우리 제품을 실제 구매한 고객유형을 고르시오. (5점)
   가. 잠재 고객 　　나. 충성 고객
   다. ~~~~~ 　　　라. ~~~~~

7. 마케팅의 4P는 price, place, romotion, product를 의미한다. 이 중에서 제품의 속성 및 성능과 관계없는 것을 3가지만 쓰시오. (10점)
   (　　　　　　　　　　　　　)

8. 고객 유형 중에서 우리 제품을 실제 구매한 고객 유형을 고르시오. (5점)
   가. 잠재 고객 　　나. 충성 고객
   다. ~~~~~ 　　　라. ~~~~~

9. 고객 유형 중에서 우리 제품을 실제 구매한 고객 유형을 고르시오. (5점)
   가. 잠재 고객 　　나. 충성 고객
   다. ~~~~~ 　　　라. ~~~~~

10. 시장 분석 방법 중 SWOT 분석에 대해 설명하시오. (20점)

CHAPTER 1. 강의자료 개발 개요

〈별첨〉

1. 능력단위 수행 내용 평가 예시

가. 예시 능력단위

대분류	중분류	소분류	세분류	능력단위
08. 문화·예술·디자인·방송	02. 디자인	01. 디자인	01. 시각디자인	0802010105_13v1 시안 디자인 개발

나. 훈련 기준의 능력단위 주요 내용

○ 과정/과목명: 0802010105_13v1 시안 디자인 개발

- 훈련 개요

훈련 목표	각종 디자인 작업 도구 및 컴퓨터 프로그램을 사용하여 프로젝트의 콘셉트에 맞는 여러 가지 디자인 시안을 제안하고 제작하는 능력을 함양
이하 생략	- 이하 생략 -

- 편성 내용

단원명 (능력단위 요소명)	훈련 내용 (수행 준거)	평가 시 고려사항
디자인 요소 수집하기	1.1 시안 개발을 위하여 초기 자료를 수집 구분할 수 있다. - 중략 -	-평가자는 다음의 사항을 평가해야 한다. • 자료의 분석력 - 중략 - • 도출된 아이디어를 시각화하여 제시할 수 있는 능력
아트웍 하기	2.1 준비된 자료를 바탕으로 디자인 콘셉트에 맞게 완성도 높은 시안을 제작할 수 있다. - 중략 -	
베리에이션 하기	3.1 의뢰 사양에 반영할 매체를 확인하고 기본 시안과 변형 시안의 범위를 계획할 수 있다. - 중략 -	

- 지식·기술·태도

구 분	주 요 내 용	
지 식	• 시각 디자인 기초실무 프로세스	- 이하 생략 -
기 술	• 자료 수집분류 기술	- 이하 생략 -
태 도	• 적극적인 자료 수집	- 이하 생략 -

(4) 프로젝트 운영자료

프로젝트 수업은 직업능력개발훈련과 관련해서는 NCS 기반 훈련과정 편성 매뉴얼이 12개의 교수 학습 방법 중 하나로 '구안법(Project Method)'을 예시하고 있으며, 제4차 산업혁명 훈련과정 운영 가이드는 교수 학습 방법으로 협력 기업의 과제와 연계된 훈련에 프로젝트법을 의무적으로 적용하도록 하고 있고, 프로젝트법의 활용 사례를 예시하여 설명하고 있다. 국내외 사례 분석을 통해 프로젝트 기반 수업이 창의력, 문제 해결 능력, 협업 능력, 대인관계 능력, 부양 능력, 비판적 사고력, 스스로 학습할 수 있는 능력 등을 육성하기 위해 널리 활용되고 있음을 확인하였다. 특히 NCS 기반 교과목의 경우 실무 능력을 갖추는 것이 수업의 목적이기 때문에 할 수 있는 역량을 갖추는 것은 직접 과제를 수행하면서 습득되는 것으로 교수자는 프로젝트 운영에 대한 고민이 필요하고 준비가 필요하다.

프로젝트 운영자료는 교수자가 해당 과정과 교과목을 분석하여 프로젝트 과제를 선정하여 프로젝트 주요 사항을 작성하고 선수 이론과 필요 기술 작성, 작업 순서 작성, 평가표 작성, 단계별 작업 사항을 작성한 후 작업평가도구개발, 과제 평가서, 프로젝트 과제 결과 보고서(포트폴리오) 작성, 프로젝트 결과물 제출까지 운영자료를 포함하고 있다.

프로젝트 운영자료의 구성은 다음과 같다.

① Project 개요
  1. 주요 사항
     · Project 명
     · 교육 대상
     · Project 총작업 시간
     · Project 수업 목표
     · 장비 및 공구 목록
     · 재료 목록
     · 안전 및 유의사항
     · 최종 결과물 이미지
  2. 관련 지식 및 수행 기술
     · 관련 지식
     · 수행 기술
     · 도면작업
     · 재료 준비 및 작업 준비
     · 부품 가공
     · 조립 작업
  3. 프로젝트 작업 공정
  4. 프로젝트 과제 평가표

② Step 1 도면 작업	1. 2D 도면 작업	· 부품도 작성 · 조립도 작성
	2. 3D 도면 작업	· 부품 모델링 · 어셈블리 모델링
③ Step 2 부품 가공	1. 부품 1 가공 2. 부품 2 가공	· 부품 가공 방법
④ Step 3 조립 작업	1. 조립 작업	· 조립 방법
⑤ Step 4 평가	1. 작업 평가	· 평가 개요 · 평가 항목 배점 기준 설정 · 과제 평가
⑥ Step 5 보고서 작성	1. 프로젝트 보고서 작성	· 프로젝트 보고서 개요 · 프로젝트 관련 지식 및 수행 기술 · 작업 공정 · 프로젝트 수행에 대한 평가 기준 · 평가자 종합 의견
	2. 프로젝트 결과물 제출	· 2D 도면 · 3D 형상 모델링 · 최종 완성된 결과물

1.2 NCS 교과목 분석 개요

강의자료를 개발하기 위해서 가장 먼저 선행되는 것은 NCS 교과목에 편성된 능력단위와 해당 학습 모듈의 세부 내용을 분석하여 강의계획서, 워크북, 평가도구, 프로젝트 운영자료 등과 연계하여 개발하는 것이 중요하다.

NCS 능력단위는 현장의 전문가가 현장의 직무를 국가 차원에서 표준화한 것으로 능력단위를 통해 현장의 직무수행 능력을 갖추기 위하여 기존 교과목의 수업에서 적용했던 강의자료와는 완전히 다른 형태의 강의자료 개발이 필요하다.

1) 강의자료 개발을 위한 NCS 교과목 분석

(1) 교수자를 위한 강의계획서 개발을 위한 NCS 교과목과 학습 모듈 분석

교수자를 위한 주차별 강의계획서의 개요는 능력단위의 제시된 내용을 학습이 진행되는 주차의 내용으로 작성할 수 있다.

강의계획서에 요약된 필요 지식과 실습 내용은 학습 모듈에서 제시된 내용을 요약한 것이다. 평가 문항 개발은 능력단위의 수행 준거의 비중을 분석하여 학습 모듈에서 제시한 내용을 분석하여 교수자가 문항을 개발할 수 있다. 학습 내용에 대한 성취 수준 평정 근거, 장비와 실습 재료 및 소모품 작성은 능력단위에 내용을 기준으로 교육훈련기관에서 보유하고 있으며 활용되는 장비와 공구, 실습 재료 등을 작성할 수 있다.

(2) 학습자를 위한 워크북 개발을 위한 NCS 교과목과 학습 모듈 분석

학습자를 위한 주차별 워크북은 강의계획서에서 분석한 내용과 일치하며 관련 지식과 실습 내용 등을 학습하면서 평가 문항을 해결하는 내용을 작성하고 학습 활동 사진 등을 워크북에 편집하여 작성할 수 있다.

(3) 평가도구 개발을 위한 NCS 교과목과 학습 모듈 분석

NCS 교과목의 능력단위에 대한 평가도구를 개발하기 위해 가장 먼저 교육 훈련 과정의 교과목 프로파일 등에 제시된 평가 유형을 참고하여 평가 유형을 결정한다.

평가 유형이 결정되면 유형에 적합한 평가도구를 개발하기 위해 능력단위를 분석하여 방법을 파악하여 어떤 평가 유형으로 문항을 개발할 것인가를 결정하는 것이다.

능력단위에 대한 평가 유형이 결정되면 아래와 같은 절차로 평가도구를 개발할 수 있다.

① 주요 평가 영역 도출

해당 능력단위를 분석하여 도출할 수 있다. 능력단위에 요구하는 것이 지식을 습득하여 달성하는 것인지, 기술을 습득하여 학습 목표를 달성하는 것인지 또는 작업 태도 등을 분석하여 도출하는지를 분석하여 결정할 수 있다. 훈련 목표와 장비·재료, 평가 시 고려사항은 등은 해당 능력단위의 내용을 확인하여 작성할 수 있다.

② 평가 방법 및 문항 수 도출

능력단위의 요소를 기반으로 평가 문항을 개발하는 것이 원칙이다. 최소한 능력단위 요소별로 평가 문항을 개발하여 능력단위를 수행할 수 있도록 평가해야 한다는 의미이다. 그렇지만 능력단위 요소가 서로 연계성을 가지고 있으면서 평가 방법이 포토폴리오, 작업형 평가일 경우 연계된 내용이 포함되어 1개의 평가 문항을 개발하여 평가할 수 있다. 포토폴리오 평가 방법에서 능력단위 요소별 평가 문항을 결정하여 서술형과 작업형, 도면 제시형 등의 평가 문항을 적절하게 도출하여 개발하는 것도 가능하다. 이러한 판단은 교수자가 NCS 교과목과 능력단위를 분석하여 학습자들이 능력단위를 수행할 수 있는지를 평가할 수 있는 문항과 수준을 결정하는 것이다.

③ 배점 기준 도출

평가도구에서 배점 기준 도출도 중요한 부분이다. 배점 기준이 없으면 어떤 근거로 점수를 배정했는지 설명이 되지 않는다. 배점 기준에 타당성과 필요성을 확보하기 위하여 능력단위의 요소들을 분석하여 능력단위 요소별 중요도/난이도/활용 빈도 등을 점수로 분석하여 배점 비중을 도출하고 능력단위 요소별 배점할 수 있다.

④ 평가 문항 개발

평가 문항 개발은 교수자가 직무를 수행할 수 있는지를 판단할 수 있는 문항을 개발하는 것이 중요하다. 능력단위에서 요구하는 직무 능력 역량을 판단하기 위한 문항 개발이 되도록 학습 모듈의 내용을 분석하여 결정된 평가 유형에 적합한 평가 문항을 난이도와 활용도 등을 고려하여 평가 문항을 개발하고 문항별 평가 기준, 평가 시 유의사항, 평가표 등을 개발하여 제시한다.

평가 문항 개발에서 중요한 것은 학습 모듈을 분석하여 개발하는 것이 중요하다. 학습 모듈은 능력단위를 기반으로 개발된 학습자료로 능력단위의 수행 목표를 달성할 수 있도록 제작되었기 때문이다.

(4) 프로젝트 운영자료 개발을 위한 NCS 교과목과 학습 모듈 분석

프로젝트 운영자료 개발을 위한 NCS 교과목의 능력단위와 학습 모듈을 분석하여 개발할 수 있다.

프로젝트 운영자료는 교수자가 해당 과정과 교과목을 분석하여 프로젝트 과제의 중요도와 난이도 활용도 등을 분석하여 과제의 수준과 난이도에 적합한 운영자료를 개발할 수 있다.

프로젝트 개요의 주요 사항은 해당하는 과정과 교과목, 능력단위 등을 비교 분석하여 작성할 수 있다.

프로젝트 개요의 선수 이론은 해당하는 교과목의 학습 모듈을 분석하여 작성할 수 있다.

프로젝트 개요의 작업 순서는 교수자가 프로젝트 과제를 선정한 후 작업 순서를 작성한 것으로 학습자가 참조하여 과제를 수행할 수 있도록 비교적 상세하게 작성하면 학습자들에게 도움이 된다.

평가표 작성과 단계별 작업 사항을 작성한 후 작업 평가도구 개발, 과제 평가서, 프로젝트 과제 결과 보고서(포트폴리오) 작성, 프로젝트 결과물 제출까지 운영자료를 개발할 수 있다.

일반적으로 프로젝트법에 의한 수업을 전개할 때 과제를 학습자 스스로 설정하고 교사는 학습자가 그 과제를 실행하도록 지원하는 역할을 한다고 안내하고 있으나, PBT에서는 학습자의 자주적 학습 능력 수준에 따라 각기 다르게 접근하기 때문에 과제 설정 시 교사의 역할이 매우 중요하다. 특히 신입생의 경우 프로젝트 기반 수업에 대한 이해도가 낮고 새로운 직무에 대한 교과목이 낯설어 과제 선정이 NCS 교과목의 능력단위 내용과 연계성이 떨어질 수 있는 특성이 있기 때문에 교수자는 쉬운 것부터 어려운 순으로 난이도를 고려하고 가급적 일상생활에 활용이 가능한 과제를 고려하여 선정하고 재료를 사전에 구매하는 등의 교수자 역할이 매우 중요하다고 할 수 있다.

직무 분야의 기초를 학습하는 단계에서, 학습자의 자기 주도적 학습 역량 수준이 낮은 경우에는 학습자가 배워야 할 내용을 중심으로 교사가 프로젝트 과제를 부과하고, 점차 학습자의 과업 수행 및 프로젝트 관리 능력이 육성되면 과제 설정에 학습자를 참여시키며, 숙련도가 높아지면 학습자 스스로 과제를 설정하도록 지원한다.

이 과정에서 학습자는 과제를 파악하고 과제 수행에 필요한 정보의 수집, 과제 수행 과정의 계획, 수행 및 점검, 평가 등 다양한 활동을 체험하게 된다. 학습자가 주도적으로 과제를 수행하는 동안 교사는 지원자, 관찰자, 상담자 등의 기능을 수행한다. 과제는 아주 단순한 직무와 연관된 과업이나 부품의 조립부터 여러 가지 공정을 포함하는 복잡한 작업의 수행까지 다양한 형태로 부과될 수 있다. 학습자는 과제 수행의 결과를 공개적으로 발표하고 교수자 및 동료 등으로부터 피드백을 받으며 과업 수행 과정을 성찰하여 학습 결과를 정리한다.

1.3 강의자료 개발 개요

1) 교수자용 주차별 강의계획서 개발 개요

이번 교재에서는 NCS 교과목 수업을 효과적으로 운영하기 위하여 가장 중요하고 기본적인 요소가 교수자를 위한 주차별 강의계획서이다. 대부분의 교수자들이 주차별로 강의 시간과 강의 타이틀, 수업 일자, 시설·장비 정도로 작성하는 것으로 오해할 수 있는데 NCS 기반 교과목에 대한 강의계획서는 주차에 해당하는 강의계획서를 체계적으로 작성하여 활용하는 것을 말한다(〈표 1-6〉 참조).

(1) 주차별 강의계획서의 주요 항목

〈표 1-6〉 교수자용 주차별 강의계획서 개발 서식(샘플)

① 수업 일자 (해당 주차)		② 교수자명	
③ 수업 시간		④ 성취 수준	1, 2, 3, 4, 5
⑤ 능력단위 명칭		⑥ 능력단위 요소명	
⑦ 학습 목표			
⑧ 관련 수행 준거			
⑨ 필요 지식			
⑩ 실습 내용			
⑪ 평가 문항			
⑫ 성취 수준 평정 근거			
⑬ 장비 및 실습 재료			

① 수업 일자(주차): 학사 일정을 파악하여 해당 수업 일자와 수업 주차를 작성한다.
② 교수자명: 교과목 담당 교수자 이름을 작성한다.
③ 수업 시간: 해당 주차에 수업 시간을 작성한다.
④ 성취 수준: 교수자는 학습자의 성취 수준을 1단계에서 5단계로 구분하여 성취 수준을 평정한다. 1단계가 가장 낮은 단계이며 5단계로 갈수록 성취 수준이 높은 것을 말한다.
⑤ 능력단위 코드번호 및 명칭: 능력단위 코드번호와 능력단위명을 작성한다.
⑥ 능력단위 요소명: 해당 주차에 적용되는 수업 진도에 적합한 능력단위 요소명을 작성한다.
⑦ 학습 목표: 해당 주차에 능력단위 요소와 수행 준거의 내용을 파악하여 달성해야 할 구체적인 목표를 작성한다.
⑧ 관련 수행 준거: 해당 주차에 적용되는 수행 준거를 작성한다.
⑨ 필요 지식: 학습 모듈의 필요 지식 내용을 교수자가 전달하고자 하는 주요 내용으로 요약하여 작성한다.
⑩ 실습 내용: 학습 모듈의 기술 부분의 내용을 교수자가 전달하고자 하는 주요 내용으로 요약하여 작성한다.
⑪ 평가 문항: 학습자가 필요 지식과 실습 내용의 학습 모듈을 분석하여 평가 문항을 개발하여 작성하는데 주차별 수업 시간과 능력단위 요소의 중요도 등을 고려하여 문항 수를 결정한 후 문항을 개발한다. 평가 문항은 서술형, 작업형, 포트폴리오형 등 다양한 형태의 문항을 개발할 수 있다.
⑫ 성취 수준 평정 근거: 수행평가서의 평정 근거가 활용하여 작성한다. 활용 방법은 학습자가 워크북 학습한 내용이 실제 조작하는 순서대로 작성되었는지, 학습 활동 사진과 학습 관찰 등을 확인하여 종합적으로 성취 수준 평정에 활용된다.

교수자를 위한 강의계획서는 반드시 주차별로 개발하여 활용하되 2주에 걸쳐 진행되는 경우 2개의 주차를 한 것으로 작성하여 사용할 수 있다. NCS 교과목에 해당되는 능력단위와 학습 모듈을 분석하여 개발할 수 있다.

(2) 수행평가서의 주요 항목

수행평가서는 교수자가 해당 능력단위에 대한 수업 중간 또는 종료 시점에 학습자의 직무 수행 능력을 워크북의 평가 문항 해결 능력, 작업 모니터링, 평가도구 등을 통해 종합적으로 수행 평가를 수행준거마다 예/아니오 등으로 평가하고 최종 성취 수준을 1단계부터 5단계까지 평정하는 것을 말한다(〈표 1-7〉 참조).

〈표 1-7〉 수행평가서의 주요 항목(샘플)

수 행 평 가 서

학습자명:(○ 반, ○ 번)	평가자명(교수자):	평가 일시	
		1차:	
교과명 :		2차:	
		3차:	
평가 방법: 본 평가는 단계별 자기평가의 학습 과정이 완료된 학습자에 대하여 평가를 합니다. 학습을 위한 준비에서부터 실습의 완료 후 동작 확인까지 아래 사항의 수행 기준에 근거하여 학습자를 평가하여야 합니다. *(본 능력단위의 평가 방법 등을 안내하여 학습자로 하여금 학습 준비를 할 수 있도록 함)*	전체 평가(고정 내용으로서 임의 변경 불가)		
	성취 수준	수행 정도	
	①	5. 해당 지식과 기술을 확실하게 습득하여 직무수행에 필요한 기술적 사고력과 문제 해결력을 토대로 주도적으로 완벽한 작업을 수행할 수 있다.	
		4. 해당 지식과 기술을 습득하여 직무수행에 필요한 기술적 사고력과 문제 해결력을 토대로 작업을 수행할 수 있다.	
		3. 해당 지식과 기술을 대부분 습득하여 직무수행에 필요한 지식과 기술을 가지고 대부분의 작업을 수행할 수 있다.	
		2. 해당 지식과 기술을 부분적으로 습득하여 직무수행에 필요한 지식과 기술을 가지고 타인과 공동으로 작업을 수행할 수 있다.	
		1. 해당 지식과 기술을 습득하는 데 부족함이 있어 타인의 도움을 받아야만 작업을 수행할 수 있다.	
	평가자는 학습자의 달성 정도를 성취 수준에 표시한다.		

평가 영역 (단원명)	수 행 준 거	④예 (Pass)	아니오 (Fail)
② 단원 1	③ 1.1		
	1.2		
	1.3		
단원 2	2.1		
	2.2		
	2.3		
단원 3	3.1		
	3.2		
	3.3		

① 성취 수준은 교수자가 학습자의 능력단위 성취 수준을 1단계에서 5단계로 구분하여 점수를 성취 수준으로 환산하여 평정하는 것으로 성취 5수준은 가장 높은 성취 수준 단계로 점수는 90~100점, 4수준은 80~89점, 3수준은 70~79점, 2수준은 60~69점까지가 능력단위에 대한 이수 단계로 Pass한 것으로 판정한다. 60점 이하의 점수는 Fail로 판정한다. Fail로 평가받으면 재평가를 실시하여야 한다.
② 평가 영역(단원명)은 능력단위 요소의 명칭을 작성한다.
③ 수행 준거는 해당 능력단위에서 제시하고 있는 준거를 순서대로 나열하여 작성한다.
④ 수행 준거별로 직무를 수행할 수 있는지 없는지를 평가하는 것으로 학습자는 모든 수행준거가 예(Pass)로 평정되어야 능력단위에 대한 이수가 결정된다.

2) 학습자용 주차별 워크북 개발 주요 항목

이번 교재에서는 NCS 교과목 수업을 효율적으로 운영하기 위하여 학습자를 위한 주차별 워크북 개발에 대한 주요 항목은 다음과 같다. 교수자를 이한 주차별 강의계획서를 기반으로 학습자료 주차별 워크북을 활용하는 것이 중요하다.

대부분의 교수자들이 주차별 워크북에 대하여 중요성을 인식하지 못하는 경우가 있으나, NCS 기반 모든 교과목에 대한 주차별 워크북은 능력단위에 대한 학습 효과를 높이기 위하여 반드시 개발하여 활용되어야 한다.

NCS 교과목은 일반 교과목과 다르다.

현장 직무수행 능력을 갖추기 위해 국가 차원에서 개발한 능력단위를 교과목으로 편성하여 운영하는 것으로 학습자가 현장의 직무수행 능력을 갖출 수 있도록 하기 위해 주차별 워크북은 매우 유용하게 활용되고 있다. 교수자는 매주 주차별 워크북을 개발하여 학습자에게 학습할 수 있도록 파일 형태를 나눠 주고 학습자는 워크북을 작성하여 제출하면 교수자는 능력단위 평가자료로 활용할 수 있다.

(1) 학습자용 주차별 워크북의 주요 항목

학습자 워크북의 주요 항목은 NCS 기반 교과목에 대한 워크북으로 주차에 해당하는 수업 내용을 체계적으로 작성하여 활용하는 것을 말한다(〈표 1-8〉 참조).

① 학습자명: 주차별 워크북을 작성하는 학습자 이름을 작성한다.
② 학습 활동 사진: 주차별 워크북을 수행하면서 학습하는 사진을 워크북에 편집하여 작성한다.
③ 평가자 종합 의견: 해당 워크북을 평가한 교수자는 종합 의견을 작성하여 피드백 기능을 가지고 있다.

나머지 주요 항목은 교수자용 강의계획서를 개발하는 항목과 유사하다.

〈표 1-8〉 교수자용 주차별 강의계획서 개발 서식(샘플)

수업 일자 (해당 주차)		①학습자명		평가자
수업 시간		성취 수준	1,2,3,4,5	
능력단위 코드 번호 및 명칭		능력단위 요소명		
학습 목표				
관련 수행 준거				
필요 지식				
실습 내용				
평가 문항				
② 학습 활동 사진				
성취 수준 평정 근거				
장비 및 실습 재료				
③ 평가자 종합 의견				

3) 평가도구 개발 개요

평가도구는 훈련 과정에 편성된 NCS 기반 교과목의 모든 능력단위별로 개발해야 평가를 실시할 수 있고 평가를 통해 학습자의 수행 정도를 판정할 수 있기 때문에 평가도구 개발은 교과목 교수자는 반드시 개발하여 교과목 운영에 활용하여야 한다.

(1) 평가도구 구성

NCS 능력단위 평가도구는 NCS 교과목이 종료되는 시점에 직무수행 능력을 평가하는 것으로 매우 중요한 과정에 사용되는 도구이다. 평가도구에는 능력단위 주요 평가 영역을 도출하고 평가 방법 및 문항 수 도출, 평가 요소별 배점 기준 도출의 과정이 선행되면 평가의 객관성을 확보할 수 있어 유용하다. 평가 문항 개발은 교수자용과 학습자용, 시험용 항목이 있으며 능력단위 채점표, 평가자 의견 및 환류, 평가 증빙자료 작성, 능력단위 성적표, NCS 능력단위 수행평가서 등으로 구분하여 개발한다. 평가도구의 구성을 살펴보면 다음과 같다.

① 능력단위 주요 평가 영역 도출은 훈련 목표, 장비·재료, 평가 시 고려사항, 주요 평가 영역 등으로 개발한다.
② 능력단위 평가 방법 및 문항 수 도출은 능력단위의 능력단위 요소별로 주요 평가 영역에 능력단위 요소와 연계성 등을 분석하여 문항 수를 결정하고 평가 방법을 결정하여 개발한다.
③ 능력단위 요소별 배점 기준 도출은 능력단위 요소별 중요도, 난이도, 활용 빈도 등을 분석하여 배점의 비중을 도출하여 개발한다.
④ 교수자용 평가서 개발은 평가의 요구사항, 평가 문항, 정답과 채점 기준(도면 제시형이나 작업형의 경우 평가 기준)과 평가 시 유의사항, 성취 기준(점수 구간을 성취 수준으로 환산), 평가 피드백으로 구성되어 있다.
⑤ 평가 문항 개발은 평가도구 개발에서 가장 중요한 부분이다.
   평가 문항은 과정명, 교과목명, 해당 능력단위, 평가 유형, 평가 문항, 과제물 결과 예시, 과제물 제출 및 보관 방법, 평가 항목, 배점, 성취 기준 등을 포함한 평가 문항 본 교재의 서식을 참고할 수 있다.

평가 유형별 다양한 직종의 평가 문항 예시들과 어떤 유형의 과제일 경우 어떤 평가 유형을 선택할 수 있는지에 대한 내용은 NCS 기반 교과목의 능력단위와 학습 모듈을 분석하여 결정할 수 있다.

교과목(능력단위별) 평가를 원칙으로 하며 해당 능력단위별 1회 이상 훈련생 성취도 평가를 실시한다.

하나의 능력단위를 평가할 때 평가 문항은 능력단위 요소별로 하나의 평가 문항을 개발할 수도 있으며, 2개 이상의 능력단위 요소가 서로 순차적으로 수행이 되거나 또는 연계성이 높은 경우, 그 관련된 복수의 능력단위 요소들을 종합적으로 평가할 수 있는 평가 문항을 개발하여 평가할 수 있다. (예시: 작업 준비하기, 본 가공 수행하기의 경우 능력단위 요소가 연계되어 하나의 평가 문항을 개발하여 평가할 수 있다.)

평가 문항 개발 방법은 능력단위 요소별 수행 준거, 평가 시 고려사항, 지식·기술·태도 등을 종합적으로 고려하여 능력단위 요소별 수행 준거의 내용을 판단할 수 있는 종합 과제를 개발하여 평가 문항을 개발하는 것이 필요하다.

평가 문항 개발 시 신규 문항 개발에 어려움이 있을 경우 학습 모듈의 수행 내용 및 평가 방법, 국가기술자격 기출문제, 과정 평가형 및 NCS 기반 자격(신 직업 자격)의 문제 원형 등을 참고하여 평가 문항 개발에 활용할 수 있다.

교수자용 평가 문항 개발은 평가도구 개요와 평가 문항의 요구사항, 평가 문항, 평가서(채점 기준), 정답 등을 개발형 평가 시 교사자가 적용할 수 있다.

학습자용 평가서는 시험 전에 학습자에게 공개하는 것으로 평가 요구사항, 도면 제시형의 경우 개략적인 도면 등과 주요 평가 항목 및 배점 기준 등을 공개하는 목적으로 개발한다. 시험용은 시험 당일 평가에 사용되는 시험지로 평가 문항과 평가 시 요구사항, 평가표, 문항별 배점 등으로 구성되어 있으며, 시험이 종료되면 취합하여 평가서에 채점하고 평가자 의견 및 환류(피드백) 내용을 작성하여 증빙자료로 보관한다.

⑥ 능력단위 평가도구 채점표는 평가 문항의 평가 항목에 의한 훈련생의 채점 결과를 문항별로 기록한 서식이다. 훈련생 한 명당 한 장의 평가표를 작성할 수도 있지만, 교육 훈련 과정 전체 훈련생들에 대해 한 장으로 평가할 수 있는 서식을 사용하는 것이 효율적이다. 평가 유형과 평가 문항 내용에 따라 같은 서식 또는 변형하여 활용하는 것도 가능하다.

평가 항목에 대한 득점 부여는 100점 만점으로 기록하기보다는 5점(매우 우수), 4점(우수), 3점(보통), 2점(미흡), 1점(매우 미흡)처럼 5점 척도로 부여하여, 득점을 기록하는 것에 대한 간편성과 직관성으로 효율을 높일 수 있는 득점 부여 방식이다.

5점 척도에 의한 평가 결과를 100점 만점으로 환산하여 기록하고, 그 결과에 따라 구간을 설정하여 능력단위 요소별 성취 수준을 판정할 수 있다(〈표 1-9〉 참조).

〈표 1-9〉 점수와 성취 수준 환산

점수 구간	90~100점	80~89점	70~79점	60~69점	60점 미만
성취 수준 환산	5	4	3	2	1

평가 문항에 대한 평가 항목별 배점을 동일하게 설정하였으나 훈련기관 및 직종 특성별로 배점(가중치)을 달리하여 평가할 수 있다.

과제 평가 결과에 대한 교수자의 학생 개인별 피드백이 필요한 경우 별도 평가자 의견 및 환류 양식을 만들어 기록할 수 있다.

⑦ 평가 증빙자료(최종 결과물 사진 자료)를 작성하는 것으로 개발하여 작성한 후 증빙자료로 보관한다.

평가 근거 자료인 교육생들이 제출한 과제물(작품, 보고서 등) 결과를 보관하는 서식이다.

평가 과제에 대한 결과물은 학생 작품 형태와 같이 평가 유형에 따라 결과물이 존재하는 평가 유형(포트폴리오, 문제 해결 시나리오, 사례 연구, 일지/저널 등)과 결과물이 존재하지 않는 평가 유형(역할 연기, 구두발표, 작업장 평가 등)이 존재한다.

과제물이 보고서 등 파일 형태일 경우 파일로 보관할 수 있으며, 그림이나 작품 형태는 이미지 또는 사진을 찍어 NCS 교과 평가자료 서식에 삽입 보관이 가능하다.

⑧ 능력단위 성적표는 능력단위 최종 점수와 성취 수준, 능력단위에 대한 Pass/Fail 판정 등으로 개발한다.

평가 문항별 교육생의 점수를 합산하여 최종 능력단위의 점수와 성취 수준을 판정하는 서식이다.

NCS 교과 과제별 채점표 서식에서 평가 문항별 100점 만점으로 득점한 점수들을 취합하여 평균 점수를 산출하고, 설정한 성취 기준 구간을 활용하여 평가 대상 능력단위의 최종 점수와 성취 수준을 판정한다. 이때 능력단위 요소별 배점(가중치)을 달리하여 평가할 수도 있다.
⑨ 교수자는 NCS 능력단위 수행평가서(성취 수준 평정, 수행 준거 성취 수준(예/아니오)를 평정할 수 있도록 개발한 서식으로 모든 능력단위에 동일한 양식으로 활용되고 있다.

4) 프로젝트 운영자료 개발 개요

프로젝트 운영자료는 교과목과 능력단위마다 특성을 고려하여 프로젝트 과제를 개발한 후 운영자료를 작성한다. 운영자료의 구성 내용은 모든 교과목에 동일하게 적용할 수 없다. 다만 본 강의자료 개발 실무에서는 6단계의 운영자료를 개발하여 적용하고자 한다. 교육훈련과정과 교과목에 특성을 고려하여 프로젝트 운영자료는 변경하여 활용하는 것을 권장한다.

본 교재에서는 프로젝트 운영자료의 구성 내용을 6단계로 구성하여 개발한 내용을 설명하고자 한다(〈표 1-10〉 참조).

〈표 1-10〉 프로젝트 운영계획서 작성 ("예시")

01. Step 1 Project 개요	02. Step 2 도면 작업과 재료 준비	03. Step 3 가공
1. 주요 사항 2. 선수 이론 3. 작업 공정 4. 평가표	1. 2D 도면 작업 2. 3D 모델링 작업 3. 프로젝트 재료 준비 4. 작업 준비	1. 도면을 보고 가공 순서를 결정하여 부품 가공
04. Step 4 조립	05. Step 5 과제 평가	06. Step 6 보고서 작성과 발표 후 결과물 제출
1. 가공된 부품을 조립	1. 작업 평가 2. 과제 평가	1. 프로젝트 보고서 작성 2. 최종 결과물 제출 3. 프로젝트 과제 발표

(1) Step 1 Project 개요

프로젝트 개요에는 프로젝트 주요사항, 선수 이론, 작업 공정, 프로젝트 평가표 등으로 구성되어 작성한다.

(2) Step 2 Project 도면 작업과 재료 준비

프로젝트 과제를 수행하기 위해 가장 먼저 하는 작업은 도면을 작성하는 과정이다. 도면은 2D와 3D 모델링을 활용하여 작성할 수 있다. 도면이 작성되면 재료 준비와 작업 준비를 한다.

(3) Step 3 부품 가공

프로젝트 과제에 대한 도면을 보고 작업 순서에 따라 부품을 가공한다. 부품 가공은 시설·장비 여건에 따라 탄력적으로 운영할 수 있다.

(4) Step 4 조립

가공된 부품을 조립하여 기능을 확인하고 필요 시 재가공 등의 공정이 추가되기도 한다.

(5) Step 5 과제 평가

프로젝트 과제가 완료되면 과제 평가표에 의해 과제를 평가한다. 평가는 작업에 대한 평가, 결과물에 대한 평가 등으로 필요한 경우 선택하여 운영할 수 있다.

(6) Step 6 보고서 작성과 발표 후 결과물 제출

프로젝트 과제 평가가 종료되면 학습자들은 프로젝트 보고서를 작성하고 내용을 요약하여 발표한다. 발표가 끝나면 프로젝트 결과물과 보고서를 제출한다. 교수자는 취합된 보고서에 종합 의견을 작성하여 피드백한다.

1.4 기대 효과

○ 직업능력개발훈련(NCS 기반의 교육 훈련 과정 등)의 강의자료 개발과 활용을 통해 교과목 운영 내실화와 학습자들의 교육 훈련 목표를 분명하게 하여 교과목에 요구하는 직무수행 역량을 갖출 수 있다.

○ 산업 현장에서 요구하는 프로젝트 과제를 운영하여 현장 적응력을 강화할 수 있다.

○ 과정 평가형 자격, 일학습병행제, 국기훈련, 공공 훈련 등의 교과목에 대한 강의계획서, 워크북, 평가도구, 프로젝트 운영자료 등을 통해 내실 있는 수업으로 학습 효과를 높여 취업에 대한 자신감을 강화할 수 있다.

○ 산업 현장에서 요구하는 프로젝트 과제 등을 운영하여 현장 직무 역량을 갖춘 인재를 배출할 수 있다.

NCS 교과목 강의자료 개발 실무

Chapter 02

파워포인트 기능 활용

Chapter 02 파워포인트 기능 활용

학습 목표

o PPT를 활용한 강의자료 개발을 위한 기획하기 내용을 파악하여 내용을 설명할 수 있다.

o PPT 강의자료 초안 제작 방법을 파악하여 적용할 수 있다.

o 파워포인트 핵심 기술 활용 내용을 파악하여 강의자료 개발에 적용할 수 있다.

2.1 강의자료 개발 기획

PPT를 활용하여 강의자료를 개발할 때 가장 먼저 하는 것은 관계자의 기획 회의가 우선 진행되어야 할 것이다.

학습자의 성향에 적합한지, 전달하는 내용의 분량은 충분한지, 어떤 순서로 강의 내용을 전달할지, 강의의 목적을 달성하도록 어떤 전략을 적용할지 등 다양한 요소를 세밀하게 분석해야 한다.

기획이란 이러한 요소들을 하나씩 파악하여 메시지를 효과적으로 전달할 수 있는 최적의 방법을 모색하는 과정이다.

누구나 기획의 중요성은 잘 알고 있다. 하지만 막상 기획을 시작하려고 하면 시작부터 난관에 부딪힌다. 무엇을 먼저 해야 할지 회의 목적 달성은 할 수 있을지 등 곳곳에서 어려움이 있다. 이러한 어려움을 해결하기 위해 회의하는 방법을 살펴보았다.

1) 강의자료 개발 기획 회의 개최

(1) 아이디어 수집과 정리하기

강의안 개발자는 관계자의 회의를 소집하고 포스트잇이나 백지를 활용하여 강의안에 대한 자유로운 의견, 키워드를 적어서 화이트보드에 붙인다. 강의안에 목적, 구성 요소, 전략, 학생의 수준을 고려한 방안, 강의 목적 달성을 위한 방안 등 여러 가지 의견을 제시한다([그림 2-1] 참조).

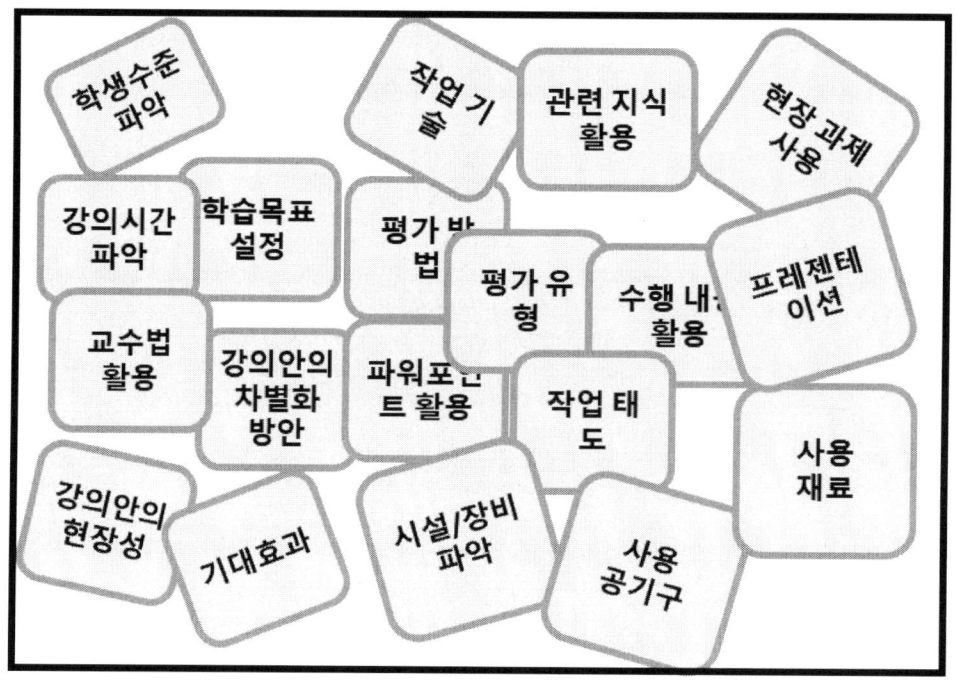

[그림 2-1] 아이디어 수집

(2) 아이디어 그룹핑

강의안 개발자는 제출한 의견들을 그룹핑하기 위해 화이트보드에 강의 자료 도입부, 강의 내용, 강의의 클로징 부분으로 3가지 정도의 영역으로 구분한다.

의견을 제시한 사람이 자기의 의견이 어떤 그룹에 속하는지 판단해서 영역 안에 붙인다. 이렇게 팀원들이 자기의 의견에 대해 영역을 구분하고 애매한 의견도 있을 수 있다. 강의안 개요, 주요 내용, 평가 방법과 피드백 등으로 구분되는데 과거 강의자료를 고집하면 현재 NCS 교과목의 강의안으로 적합지 않기 때문이다. 예를 들어 '과정평가형 자격과정'을 운영하는 기관 학과의 경우 강의안에 내용 구성이 능력단위와 학습 모듈의 내용을 참조하여 관련 지식과 수행 내용이 포함되고 평가 유형과 방법도 중요하다.

이렇게 해당 직종과 교과목에 적합한 강의자료를 개발하기 위해 의견을 취하여 그룹핑한 후 참석자와 의견을 협의하면서 구분된 영역에서 중요한 내용은 위쪽으로 자리를 옮겨 붙이는 작업을 하면 점점 하나의 스토리로 완성되는 과정을 알 수 있다([그림 2-2] 참조).

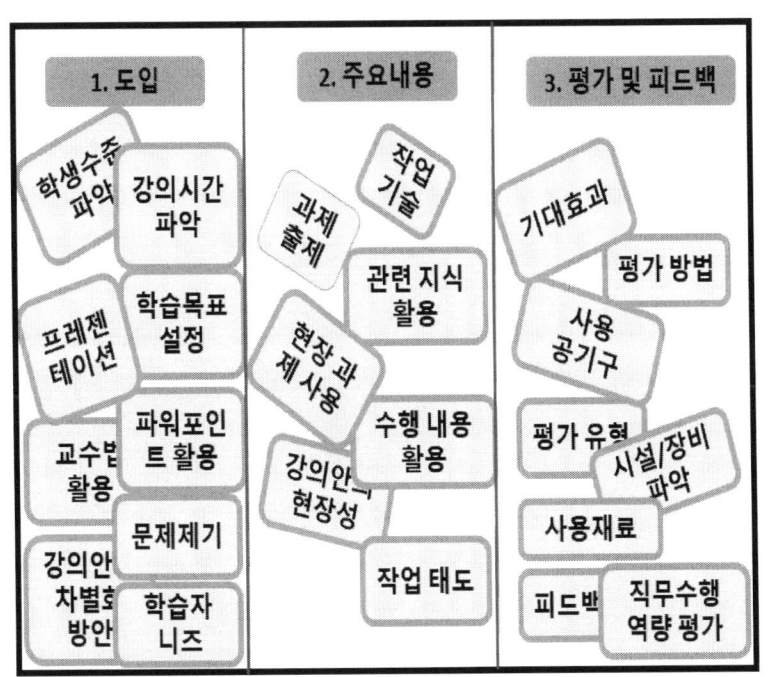

[그림 2-2] 포스트잇을 옮겨 붙이면서 전체 흐름을 잡음

포스트잇을 사용하면 자유로운 분위기에서 의견을 제시할 수 있다. 또 위치를 이동하면서 의견을 전환하고 서로의 아이디어를 합쳐서 또 다른 아이디어를 만들 수 있다. 그동안 강의자료 개발을 각자 교수자가 일방적으로 하다 보니 강의안의 품질이 제각각이고 양식도 통일되지 않아 학습자들이 적지 않은 불편함을 경험하였다.

(3) 파워포인트를 활용한 강의안 개발은 기획에서 시작

파워포인트를 활용한 강의자료 개발은 기획에서부터 시작된다. 회의에서 골격이 만들어지면 강의자료 양식을 통일하는 작업이 필요하다. 예를 들어 학과 수업에서 강의자료 개요와 내용 구성, 평가 및 피드백 등의 구성이 다르면 학습자들에게 혼란이 올 수 있다.

(4) 공유 문서로 파워포인트 강의자료 개발 함께 만들기

기획 회의에서 정해진 파워포인트를 활용한 강의자료 개발을 위한 골격에 살을 붙이고 완성하는 단계이다. 이때 자료를 공유하면서 강의자료 개발 내용을 완성할 수 있다.

공유 문서를 활용하면 집단 지성으로 더 좋은 결과물을 더 빠르게 만들 수 있다. 예를 들어 '원 노트'를 사용, 공유 '웹하드' 사용 등 다양한 방법을 활용하여 공유 문서를 사용하여 강의자료 개발 형식을 결정할 수 있다.

기획이 탄탄하면 강의자료의 품질도 높일 수 있다. 꼭 필요한 부분은 포함하고, 필요하지 않은 부분은 과감하게 정리하는 것이다.

2.2 파워포인트로 강의자료 초안 제작

파워포인트를 활용한 강의자료 개발에서 본격적으로 초안을 만드는 방법을 소개하면 다음 같다. 강의자료의 초안 개발은 도식화 내용이 빠질 수 없다. 도식화는 불필요한 강의자료 개발 시간을 줄일 수 있다.

1) 메모장을 이용한 파워포인트 초안 만들기

메모장을 활용하여 간단하게 파워포인트로 초안 제작 방법은 간단하면서 강의안 개발 시간을 대폭 줄일 수 있어 자료를 공유하고자 한다.

① 파워포인트 1차 초안 만들기

가장 먼저 하는 작업은 원고를 메모장으로 옮기고 편집한다. 메모장에 제목 입력은 텍스트로 하고 내용 입력은 텍스트 앞에 Tap [⇆] 키를 사용한다. Tap [⇆]를 사용한 횟수에 따라 상위 수준, 하위 수준을 구분할 수 있다. 슬라이드 구분은 [Enter↵] 키로 한 줄을 띄운다([그림 2-3] 참조).

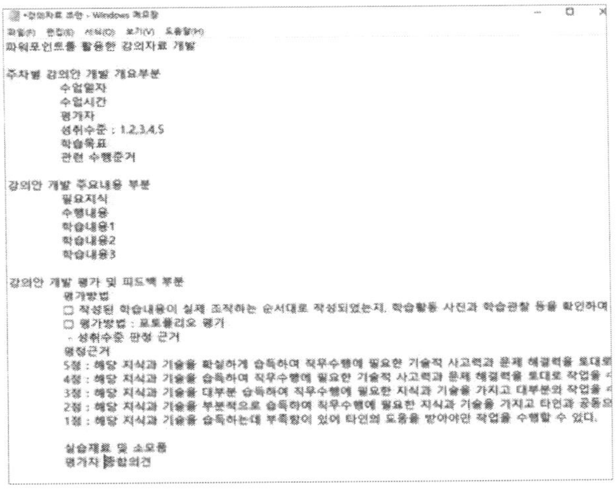

*강의자료 초안 - Windows 메모장

파일(F) 편집(E) 서식(O) 보기(V) 도움말(H)

파워포인트를 활용한 강의자료 개발

주차별 강의안 개발 개요부분
수업일자
수업시간
평가자
성취수준 : 1,2,3,4,5
학습목표
관련 수행준거

강의안 개발 주요내용 부분
필요지식
수행내용
학습내용1
학습내용2
학습내용3

강의안 개발 평가 및 피드백 부분
평가방법
□ 작성된 학습내용이 실제 조작하는 순서대로 작성되었는지, 학습활동 사진과 학습관찰 등을 확인하여
□ 평가방법 : 포토폴리오 평가
- 성취수준 판정 근거
평정근거
5점 : 해당 지식과 기술을 확실하게 습득하여 직무수행에 필요한 기술적 사고력과 문제 해결력을 토대로
4점 : 해당 지식과 기술을 습득하여 직무수행에 필요한 기술적 사고력과 문제 해결력을 토대로 작업을
3점 : 해당 지식과 기술을 대부분 습득하여 직무수행에 필요한 지식과 기술을 가지고 대부분의 작업을
2점 : 해당 지식과 기술을 부분적으로 습득하여 직무수행에 필요한 지식과 기술을 가지고 타인과 공동으
1점 : 해당 지식과 기술을 습득하는데 부족함이 있어 타인의 도움을 받아야만 작업을 수행할 수 있다.

실습재료 및 소모품
평가자 종합의견

[그림 2-3] 메모장에 텍스트 파일을 작성하고 편집

② 메모장의 내용을 다른 이름으로 저장한다. [파일] → [저장]을 선택하여 텍스트 파일 (*.tct)로 저장한다. 만약 Microsoft Office Plus 2016 버전은 인코딩을 반드시 [UTF-16 LE]을 선택한 다음 저장해야 파워포인트에 한글로 나타난다.

③ 이제 파워포인트를 실행한다. 저장된 메모장 파일을 파워포인트 리본 메뉴 영역으로 드래그한다. 슬라이드 창에 드래그하면 파일이 그대로 삽입된다. 반드시 리본 영역으로 드래그한다([그림 2-4] 참조).

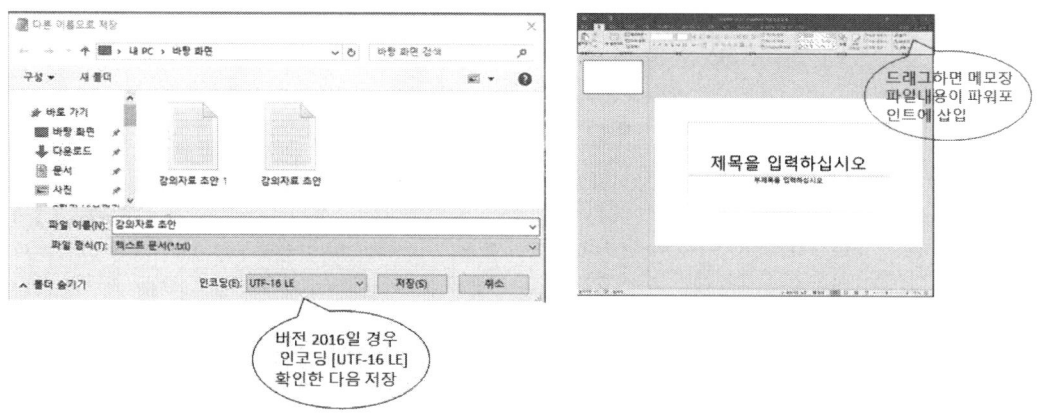

[그림 2-4] 메모장 파일 저장과 파일 리본 메뉴로 드래그

④ 슬라이드 화면을 확인해 보면 하얀색 배경의 파워포인트 파일이 새로 열리며 메모장에 입력했던 텍스트가 각 슬라이드로 나누어져 들어간 것을 확인할 수 있다.([그림 2-5] 참조).

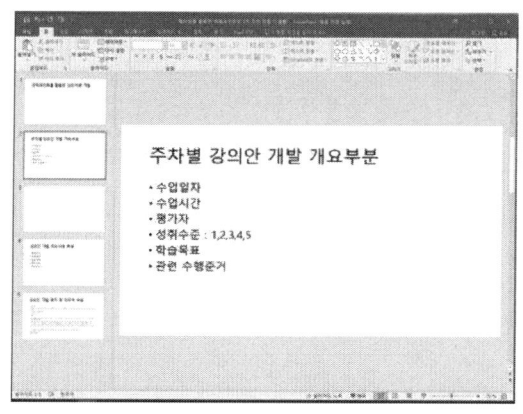

[그림 2-5] 메모장 파일 저장과 파일 리본 메뉴로 드래그

⑤ 이 상태에서 바로 테마를 적용할 수 있다. [디자인] 탭에서 마음에 드는 테마를 선택한다. 그러면 아래 화면처럼 테마가 적용된 것을 확인할 수 있다. ([그림 2-6] 참조).

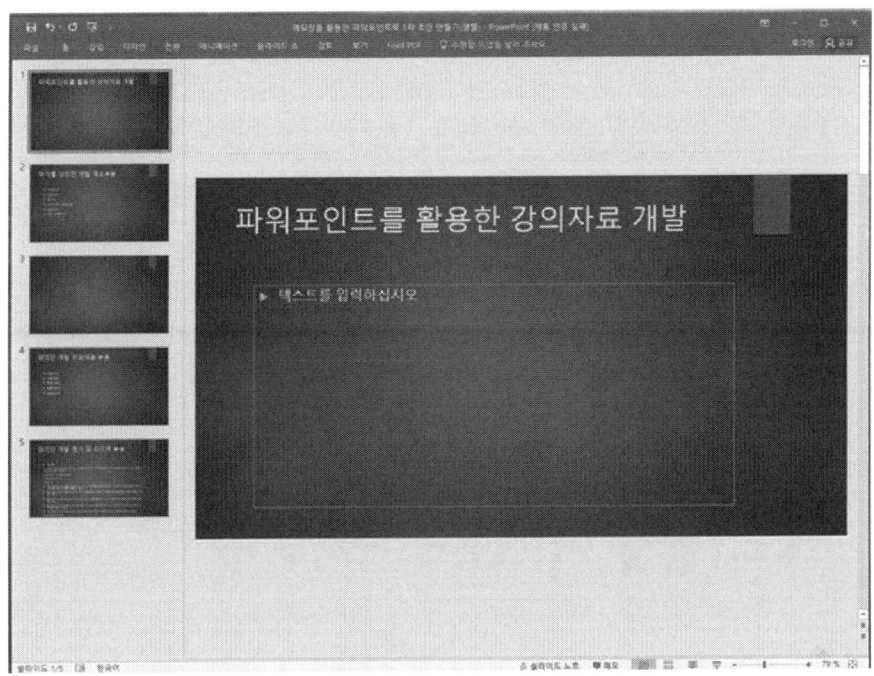

[그림 2-6] 슬라이드 텍스트의 테마 적용

지금까지 대부분의 교수자들이 강의자료를 파워포인트로 만들 때 원고 파일에 있는 내용을 복사한 후 파워포인트 텍스트 상자에 마우스 오른쪽 버튼을 클릭하여 붙여넣기 하는 방법으로 작업을 하였으나, 메모장을 이용하여 간단하게 파워포인트로 변환하여 작업을 할 수 있는 방법을 활용하면 시간과 노력을 줄일 수 있다.

2.3 파워포인트 기능 활용

파워포인트를 활용한 강의자료 개발에서 내가 몰랐던 기능을 배우는 것도 좋지만, 그것보다 더 중요한 것은 이것저것 누르면서 사소하게 낭비되는 시간을 아껴 실질적인 강의자료 개발 시간을 효율적으로 줄이는 방법을 파워포인트 핵심 기술을 정리하여 교수자의 작업 시간과 PPT의 품질을 한 단계 향상할 수 있도록 하고자 한다.

1) 리본 메뉴를 편리하게 사용하는 방법

마이크로소프트는 2007 버전부터 기존의 드롭다운 방식을 과감히 버리고 모든 오피스 프로그램에 리본(Ribbon) 인터페이스를 채택하였다. 사용자 편리성을 고려하였기 때문이다.

파워포인트에서 말하는 사용자 편의성이란, 특별한 학습이 없어도 누구나 필요한 명령을 쉽게 찾을 수 있어야 한다는 의미이다. 리본 메뉴에는 수십 개의 메뉴와 기능이 숨어 있지만 '탭'만 클릭하면 관련 기능을 그룹으로 펼쳐 주기 때문에 일일이 기억할 필요가 없다.

(1) 개체를 더블클릭

슬라이드 안의 개체를 '더블클릭'하면 해당 개체와 관련된 탭 메뉴가 나타나고 자주 쓰는 기능들이 그룹 형태로 펼쳐진다. 탭 메뉴는 주로 서식이나 디자인을 편집하는 기능들로 구성되어 있다. 원하는 메뉴를 찾아 이리저리 찾을 필요 없이 해당 개체만 더블클릭하면 된다.

① 도형 모양 변경하기
- 슬라이드의 도형 개체 위에 마우스를 올리고 더블클릭한다.
- 리본 메뉴의 [그리기 도구 -서식] 탭을 선택한다.
- 도형 삽입의 [도형 편집] → [도형 모양 변경] → [모서리가 둥근 직사각형]을 선택하면 도형이 내가 원하는 형상으로 변경된다([그림 2-7] 참조).

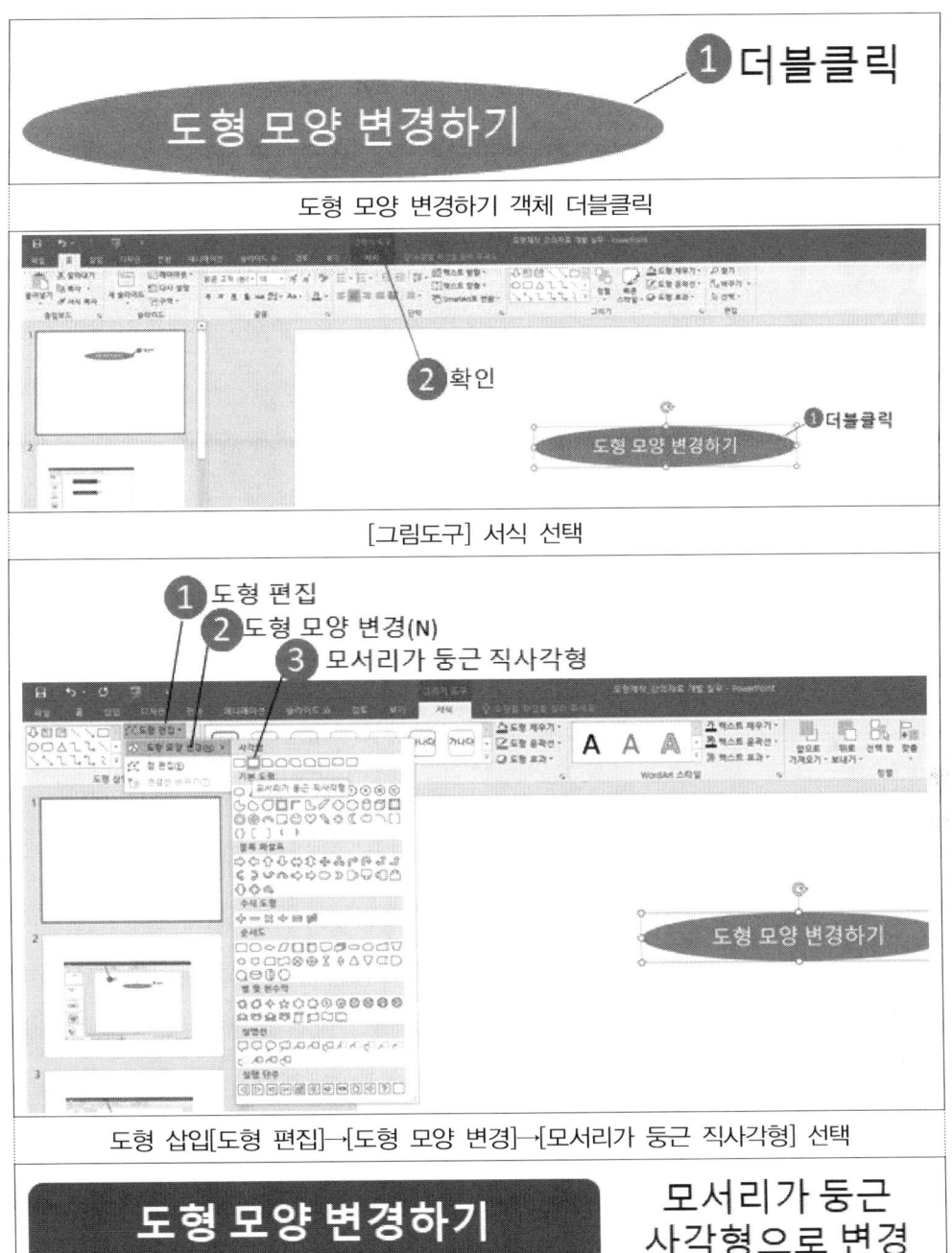

[그림 2-7] 도형 모양 변경 방법

② 텍스트에 특수기호 삽입하기
- 예를 들어 '강의 만족' 글자 사이에 가운뎃점(·)을 삽입하고자 한다. 먼저 글자 앞에 커서를 놓고 [삽입] 선택 후 [기호] 선택하면 [글꼴]과 [하위 집합(U)]에서 [라틴어-1 추가]에서 [·] 선택하고 삽입하면 글자 앞에 (·)이 삽입되는 것을 확인할 수 있다.

2) PPT 작업이 편해지는 옵션 설정하기

PPT 작업 환경 때문에 사용자들이 불편을 겪는 이유를 분석해서 작업 환경을 조금만 바꾸면 편리한 작업 환경에서 작업을 할 수 있다.
'PowerPoint 옵션' 창에서 몇 가지만 변경하는 내용을 살펴보면 다음과 같다.

(1) 한/영 자동 고침 옵션 해제

영문으로 텍스트를 입력해야 하는데 일부 글자가 자꾸 한글로 바뀌어 왜 그럴까 고민한 적 있다.
한/영 자동 전환 옵션이 설정되어 있기 때문이다. 언어를 인식하여 자동으로 전환해 주는 편리한 기능이지만 실무에서는 오히려 불편한 경우가 있다. 변경하는 방법은 다음과 같다.
[파일] 탭에서 [옵션] 메뉴를 선택한다.
[언어 교정] 탭 → [자동 고침 옵션]을 선택하고 [자동 고침] 창이 뜨면 [한/영 자동 고침] 항목에서 체크박스를 해제한다([그림 2-8] 참조).

(2) 실행 취소 횟수 조정

기본으로 설정된 것이 20번까지 실행 취소할 수 있도록 설정되어 있는데, 최대 150 횟수까지 설정할 수 있다.
[파일] 탭에서 [옵션] 메뉴에서 [고급] 선택 → [실행 취소 최대 횟수]를 150으로 설정 → [확인]을 선택한다([그림 2-9] 참조).

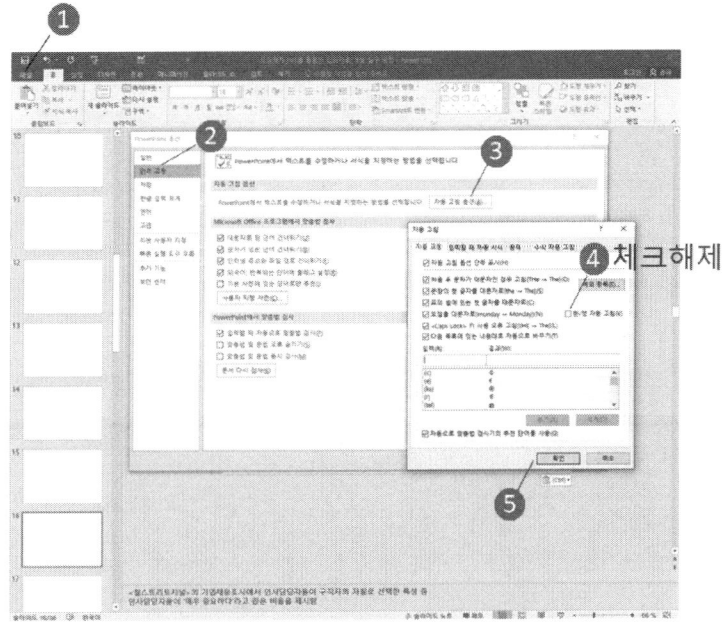

[파일] → [언어 교정] → [한/영 자동 고침(A)] → [한/영 자동 고침(K)] 해제 → [확인]

[그림 2-8] 한/영 자동 고침 옵션 해제 방법

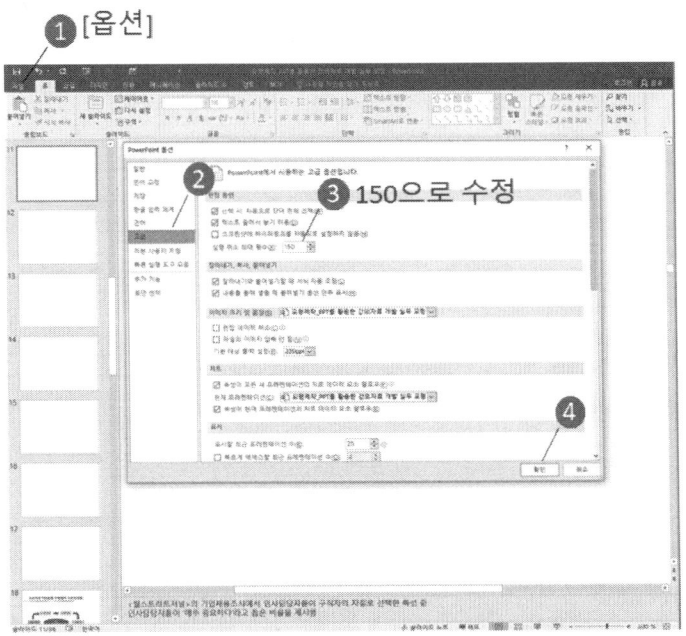

[파일] → [옵션] → [고급] → [실행 취소 최대 횟수] 150으로 설정 → [확인]

[그림 2-9] 실행 취소 최대 횟수 설정 방법

(3) 인쇄는 품질 설정

인쇄가 선명하지 않을 때 사용하는 옵션으로 [파일] 탭에서 [옵션] 메뉴에서 [고급] 선택 → [인쇄]에서 [고품질] 선택 → [확인]을 선택한다([그림 2-10] 참조).

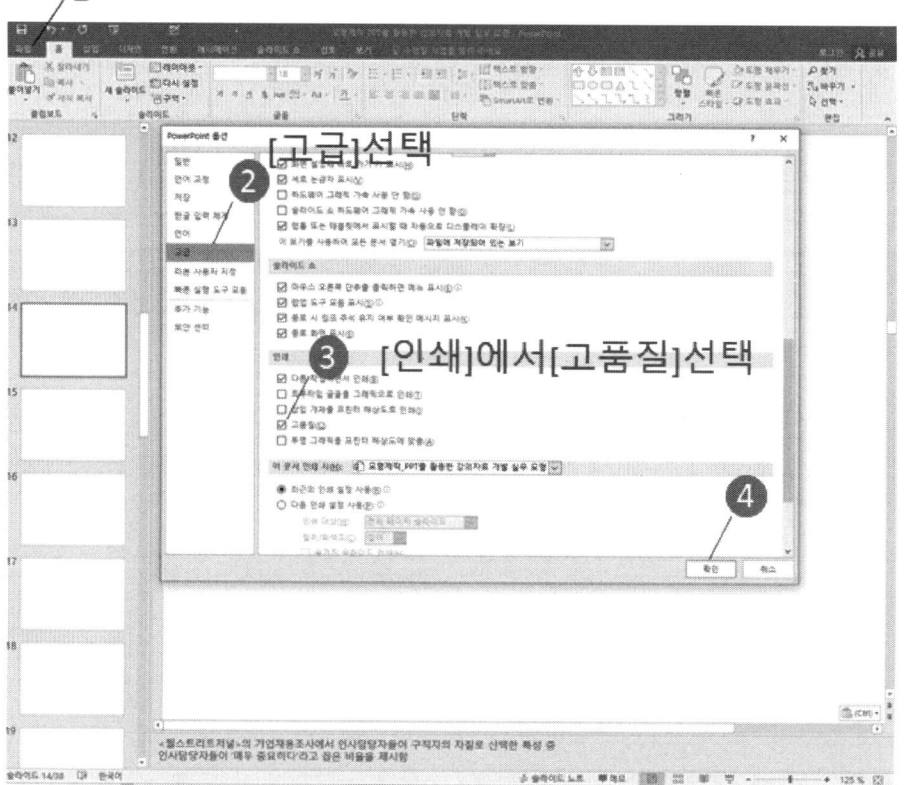

[파일] → [옵션] → [고급] → [인쇄]에서 [고품질] 체크박스 체크 → [확인]

[그림 2-10] 인쇄 고품질 설정 방법

2) 미니 도구 활용으로 속도감 있는 편집

파워포인트 작업을 할 때 가장 많이 다루게 되는 개체는 '텍스트', '도형', 그리고 '그림'이다. 이 개체들을 자유자재로 다루는 방법을 습득하는 게 작업 속도를 높이는 지름길이다.

텍스트의 크기와 색을 바꾸거나 정렬할 때 대부분 습관적으로 [홈] 탭의 메뉴를 사용한다. 도형과 그림도 마찬가지 방법으로 진행하는 경우가 많다. 그렇게 하면 개체 하나를 편집할 때 [홈] 탭, [서식] 탭 등 여러 탭을 옮겨 다니면서 반복하는 작업을 줄이는 방법으로 '미니 도구를 이용'하는 것을 권하고 싶다.

미니 도구 사용은 텍스트, 도형 그리기, 그림 개체 편집을 통해 편집의 어려움을 해소할 수 있다.

(1) 미니 도구로 텍스트 편집하기

먼저 텍스트 개체를 편집하기 위해 텍스트 상자 안에 텍스트만 [드래그] 또는 [더블클릭]으로 선택한다. 그러면 아래 그림과 같이 미니 도구가 자동으로 나타난다. [글꼴]은 [나눔 바른 고딕], [글꼴 크기는 32], 글꼴 색은 [검정, 텍스트 정렬]로 변경한다([그림 2-11] 참조).

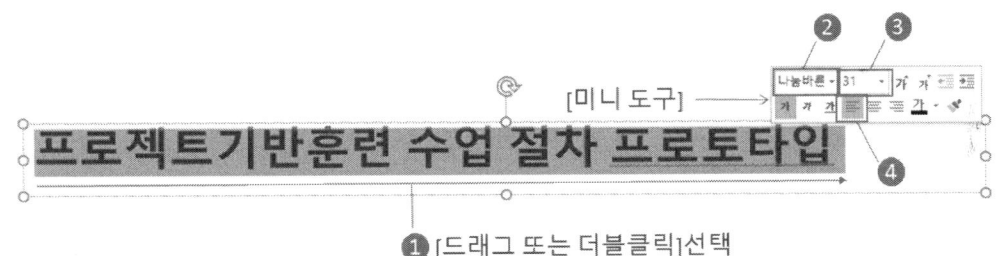

[텍스트 선택] → [미니 도구에서 글꼴, 글꼴 색, 정렬 수정]

[그림 2-11] 미니 도구로 텍스트 편집 방법

(2) '미니 도구'로 도형 개체 편집하기

이번에는 도형의 개체를 편집하는 방법이다. 가운데 있는 도형을 마우스 오른쪽 버튼으로 클릭한다. 도형 [미니 도구]가 나타나면 [스타일] 메뉴를 선택하고 내가 원하는 도형의 이미지를 바로 편집할 수 있다. 그러면 아래와 같이 원 도형의 스타일이 바뀐 것을 확인할 수 있다([그림 2-12] 참조).

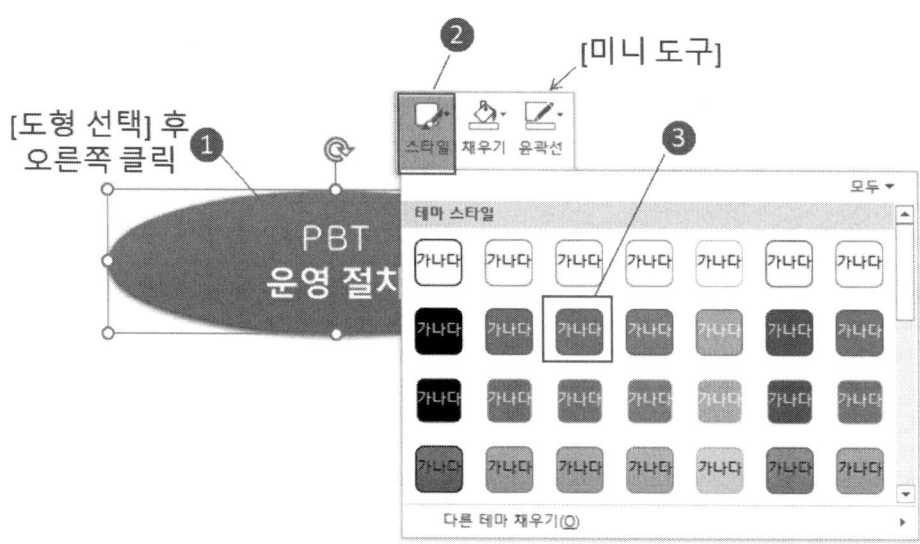

[텍스트 선택]→[미니 도구에서 글꼴, 글꼴 색, 정렬 수정]

[그림 2-12] 미니 도구로 텍스트 편집 방법

3) 글자 간격과 장평 기능 활용 편집

파워포인트 작업에서 가장 많은 편집이 글자 간격과 장평을 줄이는 방법일 것이다. 텍스트를 편집하다 보면 정해진 공간에 글이 다 들어가지 않을 때가 있다. 글꼴 크기를 줄여서 해결할 수도 있지만, 글자가 작아지면 뒤쪽에 앉은 청중들은 잘 안 보일 수 있어 좋은 방법은 아니다. 이런 경우 글꼴 크기를 조절하는 대신 '글자 간격'과 '글자를 늘리는' 방법을 사용하는 것이 편리하다.

'글자의 간격'을 자간이라고 하는데 개별 문자 사이에 있는 공간의 넓이를 의미한다. 장평은 개별 문자의 가로 비율이다. 장평을 높이면 문자의 가로 크기가 넓어지고, 장평을 낮추면 좁아진다.

(1) 도형 크기에 맞게 글자 간격 조절하기

텍스트 상자를 선택하고 [문자 간격] 버튼을 선택한다. 내림 메뉴가 나타나면 현재 [표준으로(N)]가 선택된 것을 확인할 수 있다. [좁게], [넓게] 등 필요한 간격을 조절할 수 있다.

(2) 장평 조절하기

파워포인트로 강의자료를 제작할 때 글자 때문에 시간이 많이 걸리는 경우가 자주 생긴다. 한 글자 때문에 전체 글꼴 크기를 줄여야 하나 고민이 된다. 바로 이때 앞에 자간으로 해결되지 않으면 장평으로 텍스트의 가로 길이를 좁혀 주는 방법을 사용하면 편리하다. 파워포인트는 이렇게 장평을 넓히는 것보다 좁혀야 하는 경우가 더 많다.

순서는 상관없지만 꼭 두 가지 요소를 모두 적용해야 한다. 여기서는 '도형의 텍스트 배치' 옵션을 먼저 설정하면 다음과 같다. 텍스트 상자를 Shift 키를 사용하여 모두 선택한다. 이어서 빠른 실행 도구 모음에서 [텍스트 효과 서식] 버튼 선택하고 클릭한다. [텍스트 옵션 – 텍스트 상자]에 들어간다. 여기서 [도형의 텍스트가 배치] 옵션을 체크 해제한다. 그러면 텍스트 상자의 크기가 텍스트가 입력된 가로 길이에 맞게 조절되는 것을 알 수 있다.

4) 파워포인트 드로잉 핵심 기술 활용

파워포인트로 강의자료를 빠르게 만들고 싶다면 지금까지 사용하던 습관을 바꾸는 것이 필요하다. 기본기를 탄탄히 쌓아 가장 빠른 방법에 익숙해질 수 있다면 얼마든지 작업을 쉽게 할 수 있다.

(1) 조합키 사용으로 효율적인 작업

① 조합키의 종류

파워포인트 문서에 여러 가지 도형을 정확히 그려 넣는 것은 쉬운 일이 아니다. 수평선이나 수직선을 아무리 똑바로 그리려고 해도 잘 되지 않고, 크기를 조절하다 보면 모양이 찌그러지고 위치가 어긋나기도 한다.

  교수자들이 이런 사소한 작업 때문에 시간을 허비하고 있다. 이렇게 허비하는 작업 시간을 줄이는 방법은 Shift, Ctrl, Alt 키를 활용하는 것이다.

  이 세 개의 키는 단독으로 누르면 아무 반응도 없지만, 다른 키와 조합하면 여러 반응이 일어나기 때문에 흔히 '조합키'라고 부른다. 이 조합키의 사용 여부에 따라 파워포인트의 실력이 가늠할 수 있으므로 제대로 익혀 두어야 한다.

② 조합키의 속성 파악

  조합키를 잘 활용하면 작업 속도를 200% 이상 향상시킬 수 있다. 조합키를 사용할 때는 작업이 끝날 때까지 왼손으로 누르고 있는 Shift, Ctrl, Alt 키를 놓아서는 안 된다. 마우스나 다른 키를 먼저 놓고 조합키를 나중에 놓아야 조합키의 기능이 파워포인트에 적용된다. 각 조합키는 일반적으로 다음과 같다(〈표 2-1〉 참조).

〈표 2-1〉 조합키의 속성 파악

Shift 키	Ctrl 키	Alt 키
복수 선택	복수 선택	
15° 단위 각도 회전	중심 고정	
정다각형 도형 그리기 (정사각형, 정오각형 등)	키보드로 개체 미세 조정 (눈금 격자 일시 해제)	키보드로 개체 미세 조정 (눈금 격자 일시 해제)
대각선 방향으로 크기 조절 시 비율 유지	편집 화면 확대/축소	
개체 수평/수직 이동	개체 복사	

③ 조합키의 활용

  각 조합키 Shift, Ctrl, Alt는 독립적으로도 기능을 수행하지만, 둘 이상을 서로 조합하여 사용할 수도 있다. 각 키의 특성은 그대로 유지된다. 작업을 하다 보면 다음과 같은 상황을 자주 겪는다.

> 삽입한 도형을 수평으로 복사하고 싶을 때
> [Shift] [Ctrl]
>
> 개체의 비율을 유지하면서 중심을 고정하고 마우스로 미세하게 크기를 조정할 때
> [Shift] [Ctrl] [Alt]
>
> 중심을 고정한 채 정다각형 도형을 그리고 싶을 때
> [Ctrl] [Shift]

조합키를 무려 세 개나 동시에 사용할 수 있다는 것을 알 수 있다. 빠른 손동작으로 파워포인트를 다루려면 조합키는 필수이다. 마우스를 잡은 손 못지않게 키보드를 만지는 손의 역할도 중요하다.

(2) 직선적 성향의 [Shift] 키

첫 번째 조합키는 [Shift] 키이다. [Shift] 키는 직선적이고, 똑바르고, 딱딱 정해진 것을 좋아한다. 도면을 제작할 때 정확하게 선과 치수들이 사용되는 것과 비슷한 기능을 가진 것이 [Shift] 키이다.

① 수직, 수평으로 이동하기

[Shift] 키는 직선적인 성향 그대로 개체를 수직이나 수평으로 이동시킨다. 실무에서 텍스트, 이미지, 도형 등의 개체를 수직이나 수평으로 움직이고 싶을 때가 많은데 일반적으로 선택하여 드래그하면 똑바로 움직이기가 쉽지 않다.

하지만 [Shift] 키를 누른 채 개체를 움직이면 절대 방향이 틀리지 않는다.

② 15°씩 회전하기

두 번째 속성은 [Shift] 키의 정확성이 그대로 드러나는 속성이다. 도형의 각도를 바꾸거나 이미지를 회전시킬 때 [Shift] 키를 누른 상태에서 개체를 회전시키면 정확하게 15°씩 회전하는 것을 확인할 수 있다. 일반 마우스로 회전시키면 정확하지 않아 매우 불편했을 것이다.

③ 수직/수평/45° 직선 그리기

Shift 키의 세 번째 속성은 가장 강력한 속성으로 Shift 키를 사용하여 선을 반듯하게 그릴 수 있다. 예를 들어 지도 위에 특정 위치를 설명하는 텍스트를 넣을 때 주로 지시선을 그려서 해당 위치와 텍스트를 연결한다. 직선 하나로 이을 수도 있지만, Shift 키를 이용하여 직선 두 개를 그리면 훨씬 세련된 지시선을 만들 수 있다.

물론 파워포인트에는 지시선과 텍스트 상자가 합쳐진 '설명선' 도형이 있다. 하지만 마우스를 클릭하여 자유롭게 직선을 그려 볼 수 있다.

이번에는 Shift 키를 누른 채 방향을 자유롭게 바꿔 가면서 선을 그려 보자. Shift 키를 누르면 각도가 45°씩 움직인다. 다시 말해 45°, 135°, 225°, 315° 방향으로 선을 그릴 수 있다. 그럼 직접 45° 대각선과 수평선을 그려서 비어 있는 지시선을 완성해 보자.

다음은 '자유형' 도형을 이용하여 직선 2개로 만드는 것보다 훨씬 효과적인 지시선을 만들 수 있다. [삽입] 탭에서 [도형 - 자유형] 메뉴를 선택하고 Shift 키를 누른 상태에서 마우스 왼쪽 버튼으로 하나씩 점을 찍으면 선의 연결된 상태로 수직/수평/45° 선을 쉽게 그릴 수 있다. 점을 다 찍으면 Esc 키를 눌러 종료한다.

④ 정다각형 도형 그리기

Shift 키는 똑바른 것을 좋아한다. 이러한 속성에 맞게 Shift 키는 정다각형 도형을 만들 때 유용하다. 정다각형 도형은 비율이 안정적이기 때문에 보는 사람을 편안하게 한다. 도해된 내용을 디자인하는 과정에서는 가급적 정다각형을 사용하는 것을 권장하고 있다.

Shift 키를 사용하지 않고 드래그하면 직사각형 도형이 그려지지만 Shift 키를 누른 채 드래그하면 정사각형을 쉽게 만들 수 있다.

하지만 Shift 키를 사용한다고 모두 정다각형이 그려지는 것은 아니다. 예를 들어 Shift 키를 누른 채 육각형 도형을 만들어 보면 정육각형이 아니다. 예외적이지만 일반적으로 정다각형을 만들 때 편리하다.

⑤ 비율을 유지한 채 개체 크기 편집하기

개체의 크기를 조절할 때 Shift 키를 사용하면 세로의 원래 비율을 유지할 수 있다. 이미지, 도형, 차트 등 특정 개체의 크기를 변경해야 한다면 당연히 비율이 유지되어야 보기 좋다. 간단한 기능이지만 현장에서 잘 사용하지 않는다. 꼭 기억하자. 비율을 유지한 채 크기를 조절할 때는 [Shift] 키를 누르면서 조절한다.

[Shift] 키와 함께 [Ctrl] 키를 사용하면 개체의 중심을 기준으로 크기가 조절된다. [Ctrl] 키의 상세한 활용 방법은 다음 내용에 소개하고자 한다.

(3) 자기중심적 성향의 [Ctrl] 키

두 번째 소개할 조합키는 [Ctrl] 키이다. [Ctrl] 키는 성향이 자기중심적이다. 자기 자신이 중심이 되어야만 직성이 풀리고, 자기로부터 모든 것이 시작되고 마무리되어야 하는 특성이 있는 것이 [Ctrl] 키이다.

① 중심을 고정하고 크기 조절하기

개체의 중심 위치를 변경하지 않고 크기만 조절하고 싶을 때가 있다. 이때 아무것도 누르지 않고 크기를 조절하면 기껏 맞춰 놓은 중심이 흐트러져서 다시 맞춰야 하는 상황이 발생한다. 이럴 때 [Ctrl] 키를 사용하면 개체의 중심을 그대로 유지한 채 크기를 변경할 수 있다. 개체 모서리에 있는 크기 조절 핸들을 잡고 드래그할 때 [Ctrl] 키를 누르고만 있으면 중심이 흐트러지지 않는다.

② 중심을 고정하고 그리기

도형을 새로 그릴 때도 [Ctrl] 키를 사용한다. 일반적으로 도형을 그린 후 드래그하여 원하는 위치로 이동시키는데 [Ctrl] 키를 사용하면 도형을 그리는 동시에 원하는 위치에 놓을 수 있다. [Ctrl] 키를 누른 채 도형을 그리면 개체가 중심에서부터 커지기 때문이다.

③ 편집 화면 확대/축소하기

보통은 [Ctrl] 키를 누른 채 마우스 휠을 움직여서 편집 화면을 확대하거나 축소한다. 그리고 크기가 작은 개체를 편집하거나 특정 개체만 섬세하게 작업할 때 선택된 개체를 중심으로 화면을 확대할 필요가 있다. 화면을 확대하기 전에 미리 개체를 선택해 놓고 작업하면 된다.

④ 개체 복사하기

복사만큼 업무 효율을 높여 주는 기능도 없다. 지금까지 단축키(Ctrl+C, Ctrl+V)를 많이 사용했다. 조합키로 복사하는 방법이 실무에서 많이 사용된다. 실무에서 수직/수평의 속성을 가진 Shift 키와 복사의 속성을 가진 Ctrl 키를 조합하여 복사하는 수직 복사와 수평 복사가 많이 사용된다.

(4) 미세한 편집을 위한 Ctrl / Alt 키와 눈금 및 안내선 사용

파워포인트 작업을 하다 보면 아래 그림처럼 미세하게 개체의 위치를 조절하거나, 크기를 맞춰야 할 때가 있다. 이때 유용한 조합키가 Ctrl 키와 Alt 키이다. 지금부터 Ctrl 키와 Alt 키가 가진 미세한 속성에 대해 알아보고 이와 함께 반드시 알아두어야 할 눈금 및 안내선에 대하여 살펴보면 다음과 같다.

① 눈금 및 안내선을 알면 미세한 작업 이해

눈금과 안내선은 [눈금 및 안내선] 창에서 나타낼 수 있다. 마우스 오른쪽 버튼으로 편집 화면의 빈 곳을 클릭한 후 [눈금 및 안내선]을 누르면 안내선이 만들어진다. 안내선을 선택해서 원하는 위치로 이동할 수 있다.

4) 표 작업과 편집

파워포인트를 활용한 강의자료 개발에서 표는 직무별로 많이 사용 빈도는 차이가 있지만 실무에서 빠지지 않는 작업 요소이다. 작업 현장에서 대부분 표의 역할이 '데이터를 한눈에 이해할 수 있게'라는 것을 알고 있다. 정작 결과물은 거기까지 미치지 못하는 경우가 많다. 메뉴의 기능과 특성만 잘 이해하면 쉽고 깔끔하게 전달력을 높이는 자료로 만들어 활용할 수 있다.

(1) 표 작업을 쉽게 하는 방법

① 표를 다룰 때 2가지 기억

표를 제어하는 메뉴는 '디자인'과 '레이아웃' 총 2가지이다. 이 메뉴들은 표를 삽입하거나, 삽입된 표를 마우스로 클릭하면 리본 메뉴에 탭 형태로 나타난다. [삽입] 탭 → [표] 메뉴를 클릭하면 원하는 행 개수와 열 개수대로 표를 삽입할 수 있다([그림 2-13] 참조).

[표 도구 - 디자인] 탭은 표를 시각적으로 꾸미는 기능을 한다. 각 셀의 음영이나 테두리를 자유롭게 설정할 수 있는데, 모두 4개 그룹이 있다. '표 스타일 옵션', '표 스타일', 'WordArt 스타일' 그리고 '테두리 그리기' 그룹이다. 가장 익숙한 그룹은 '표 스타일'이다. 여러 가지 색상의 표 스타일이 바로 눈에 들어오기 때문에 표를 만들고 나면 자동으로 손이 가는 메뉴이다. 하지만 '표 스타일' 그룹보다 중요한 그룹이 바로 맨 왼쪽에 있는 '표 스타일 옵션' 그룹이다.

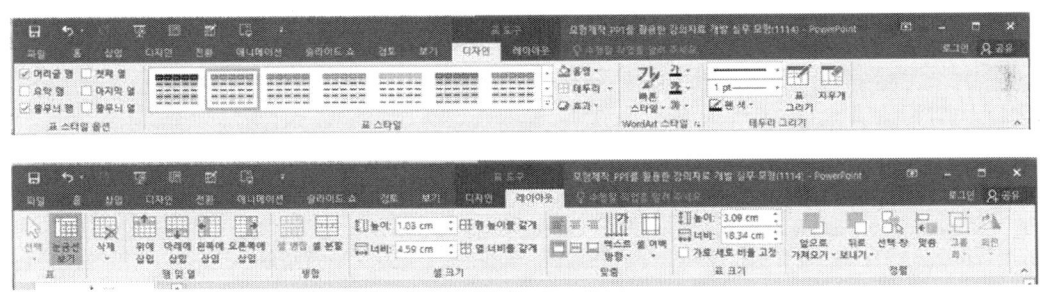

[삽입] 탭 → [표 도구] → [디자인, 레이아웃]

[그림 2-13] 표와 관련된 메뉴는 '디자인'과 '레이아웃' 2가지

[표 도구 - 레이아웃] 탭에서 셀의 삽입, 제거, 병합 그리고 여백 등을 다룰 수 있다. 표의 크기나 위치도 조절할 수 있다. 디자인 탭이 표의 시각적인 요소를 다룬다면, 레이아웃 탭은 표의 공간적인 요소로 표의 모양을 만들어 간다고 생각하면 이해가 쉽다. 표를 꾸밀 때는 [표 도구 - 디자인] 탭을 표의 모양을 만들 때는 [표 도구 - 레이아웃] 탭을 사용한다는 것만 기억하면 된다.

② '표 스타일 옵션'이 먼저 작업

그동안 표를 삽입하고 나면 별생각 없이 리본 메뉴에서 마음에 드는 표 스타일을 적용했을 것이다. 그런데 표를 만들다 보면 첫 행이나 마지막 행을 특별히 강조하고 싶을 때가 있다. 이 경우 아마 리본 메뉴에 있는 음영이나 테두리 메뉴를 사용하여 임의로 서식을 적용하였다. 개체만 선택하면 원하는 메뉴가 리본 메뉴에 자동으로 나타나기 때문에 쉽게 적용할 수 있고 작업 흐름도 자연스러워 보인다. 하지만 표에서만큼은 효율적이지 않다([그림 2-14] 참조).

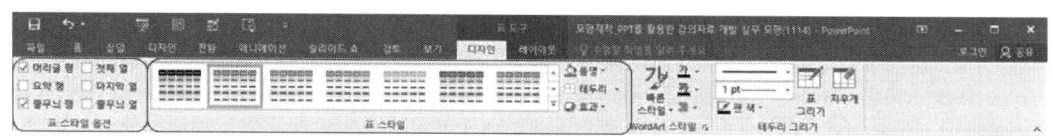

[표] 선택 → [표 도구] → [디자인]

[그림 2-14] '표 스타일 옵션'을 먼저 설정

표를 디자인하는 작업은 손이 많이 가는 작업이다. 표의 음영, 테두리, 병합 여부, 그리고 표 안에 들어가는 텍스트의 서식도 함께 고려해야 하는 작업으로 시간과 노력이 많이 들어간다. 작업 시간을 줄여 주고 효율적으로 표를 디자인할 수 있게 해주는 메뉴가 바로 [표 도구 디자인] 탭에 있는 '표 스타일 옵션'이다. 이 옵션을 이용하면 머리글 행과 요약 행, 첫 번째 열과 마지막 열 등 중요한 부분을 빠르게 꾸밀 수 있다. 지금까지 일일이 셀 블록을 잡고 색깔을 바꾸었다면 지금부터 표 스타일 옵션을 이용한 작업으로 한 단계 높은 작업을 하기 바란다.

③ 머리글 행과 요약 행을 강조하는 표 작성

표를 선택하면 리본 메뉴에 [표 도구] 메뉴가 나타난다. 그 아래 탭이 2개 있다. 앞에서 표를 꾸밀 때는 [디자인] 탭을 사용한다고 강조했다. [디자인] 탭을 마우스로 클릭한다. '머리글 행', '요약 행', '줄무늬 행' 체크박스에 체크하면 아래와 같이 쉽게 주요 내용을 강조할 수 있다([그림 2-15] 참조).

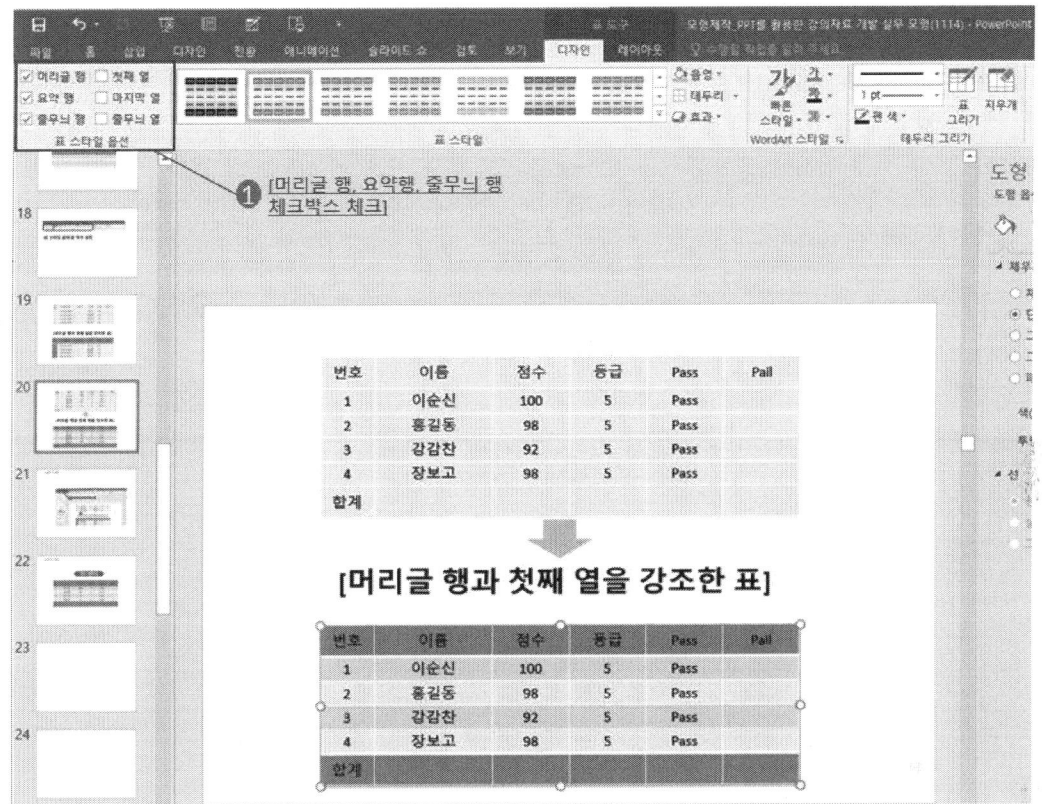

[표] 선택 → [표 도구] → [디자인] → [머리글 행, 요약 행, 줄무늬 행 체크박스 체크]

[그림 2-15] '표 스타일 옵션'에서 머리글 행과 첫째 열 강조

④ 표 스타일을 적용하여 표 편집

이제 표 스타일을 클릭 한 번으로 쉽게 바꿔 보자. [표 스타일] 그룹에서 [자세히] 버튼을 클릭한다. 그러면 파워포인트가 기본으로 제공하는 [표 스타일] 그룹이 펼쳐진다. 종류가 많아서 무엇을 선택할지 난감한데, 집필자는 '[보통] 항목 3번째 줄에서 두 번째 스타일'인 [보통 스타일 3 - 강조 1] 추천한다. 앞에서 줄무늬 행을 선택하여 행들이 잘 구분되기 때문에 테두리 선은 최대한 생략하고 머리글 행과 요약 행을 적당히 강조할 수 있는 스타일을 선정하였다([그림 2-16] 참조).

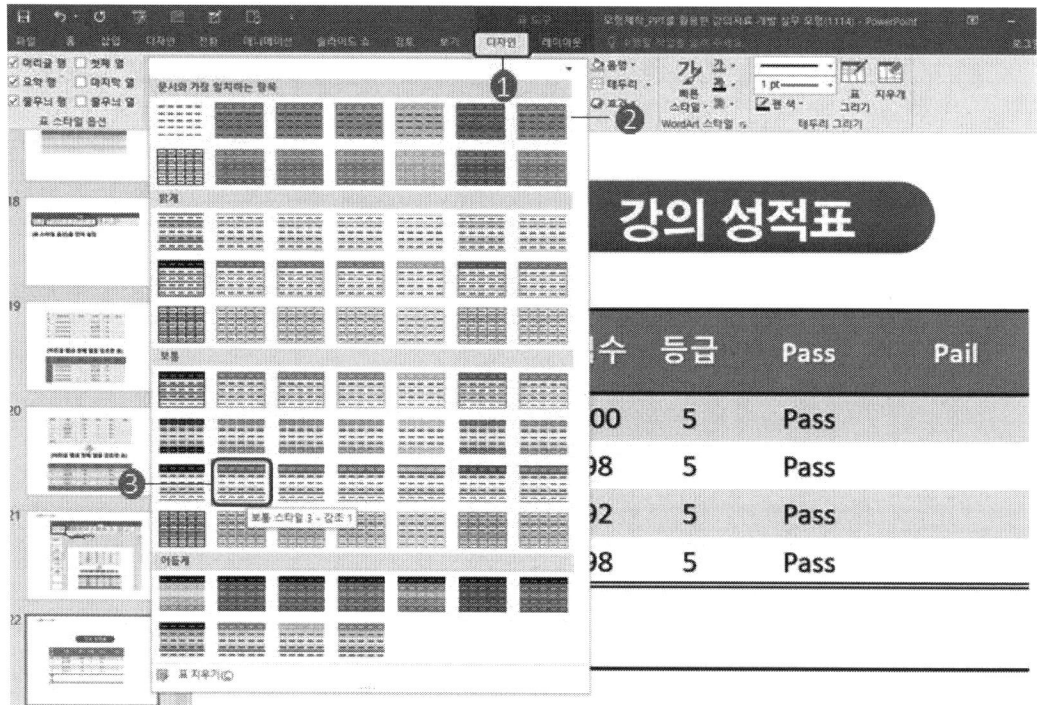

[표]선택 → [표 도구] → [디자인] → [자세히] 클릭 → 보통 항목의 3번째 줄에 스타일 선택

[그림 2-16] '표 스타일 옵션'에서 표 스타일 적용

NCS 교과목 강의자료 개발 실무

Chapter 03

강의자료 개발 준비

Chapter 03 강의자료 개발 준비

> **학습 목표**
>
> o 강의자료 개요를 파악하여 내용을 설명할 수 있다.
> o 강의자료 개발을 위한 교과목 분석 내용을 파악하여 설명할 수 있다.
> o 강의자료 개발 내용을 요약하여 설명할 수 있다.
> o 강의자료 개발에 대한 기대 효과를 설명할 수 있다.

3.1 강의자료 개발을 위한 교육 훈련 운영계획서 내용 분석

1) 교육 훈련 운영계획서 분석

(1) 교육 훈련 개요 분석

① 교육 훈련 직종 명을 파악하여 강의자료 개발에 참고한다.
② 교육 훈련 기간을 파악하여 강의자료 개발의 범위 설정에 참고한다.
③ 교육 훈련 수준과 교육 훈련 대상자를 파악하여 강의자료 수준 등을 설정할 때 활용할 수 있다.

④ 교육 훈련 목표를 파악하여 강의자료의 목적과 부합할 수 있도록 참조한다.
⑤ 교육 훈련 교과 편성 내용을 파악하여 교과목과 능력단위의 구성 내용과 세부 능력단위별 편성 시간과 필수 능력 단위와 선택 능력 단위 등의 내용을 강의자료 개발에 활용할 수 있다.
⑥ 훈련 이수 체계도에서 수준과 직종에 대한 전체적은 구성을 파악하여 강의자료 개발 구성의 범위 등에 활용할 수 있다.

(2) 교과목 교수계획서 분석

① NCS 소양 교과(직업 기초 능력)에 대한 지도 목표와 교재, 교육 훈련 직종 명을 파악하여 강의자료 개발에 참고한다.
② 교과목의 주요 교수계획 내용과 교육 시간, 훈련 시설 등을 파악하여 교과목의 능력단위 강의자료 개발에 관련 내용을 활용할 수 있다.
③ 수행평가서 내용을 파악하여 평가 영역과 수행 준거 내용을 파악하여 강의자료 개발에서 평가 등에 활용할 수 있다.

3.1 강의자료 개발을 위한 교육훈련 운영계획서 내용 분석

【별첨 1】 과정평가형자격 교과과정 개발 운영계획서 참고자료

개발일자:

(컴퓨터응용기계)
교육 훈련 운영계획서

계열 : 기계

직종 : 컴퓨터응용기계(과정평가형자격)

국가직무능력표준개발 분류

대분류	중분류	소분류	세분류
15. 기계	02. 기계가공	01. 절삭가공	01. 선반가공
15. 기계	02. 기계가공	01. 절삭가공	02. 밀링가공
15. 기계	02. 기계가공	01. 절삭가공	04. CAM(주)
15. 기계	02. 기계가공	01. 절삭가공	05. 측정
15. 기계	01. 기계설계	02. 기계설계	01. 기계요소설계

기관명 :

I. 교육 훈련 개요

1. 학과(직종)명: 컴퓨터 응용기계(컴퓨터 응용기계)
2. 교육 훈련 기간(시간): 1년 (1400시간)
3. 교육 훈련 수준: CAM Level 3
4. 훈련 대상자(선수 능력): '컴퓨터응용가공' 산업기사 과정
5. 교육 훈련 목표
   ○ CNC 선반과 CNC 밀링(머시닝센터) 장비의 조작법을 익히고 절삭공구를 사용하여 부품의 제작과 측정을 하는 능력을 함양하며, 도면을 보고 작업 공정을 설정하고 수동으로 윤곽과 구멍가공 공정에 대한 CNC 선반, CNC 밀링(머시닝센터) 가공 프로그램을 작성하는 능력을 함양할 수 있다.
   ○ 공작물을 가공하기 위하여 도면을 해독하고 작업 계획을 수립하며, 적합한 공구 및 측정기를 사용하여 선반과 CNC 선반가공, 밀링과 CNC 밀링(머시닝센터) 가공은 물론 장비 유지 및 안전관리를 준수하는 작업과 부품의 제작과 측정을 할 수 있다.
6. 교육 훈련 교과 편성 총괄표

   가. 교과 훈련 시간

총시간(%)	이론(%)	실습(%)	NCS 전공 교과(%)
1400 (100%)	90(6.4%)	1310(93.6%)	710(50.1%)

   나. NCS 소양 교과(직업 기초 능력): 40시간

교과명	단원명	학습 내용	교육훈련 시간
직업과 사회	의사소통 능력	경청 능력, 의사 표현 능력	8
	문제 해결 능력	사고력, 문제 처리 능력	4
	자기 개발 능력	자아 인식 능력, 경력 개발 능력 - 특허, 실용신안 등 지적재산권	12
	대인관계 능력	팀웍 능력, 리더십 능력, 갈등 관리 능력, 협상 능력, 고객 서비스 능력	4
	조직 이해	국제 감각, 조직 체제 이해 능력, 경영 이해 능력, 업무 이해 능력	6
	직업 윤리	근로 윤리, 공동체 윤리 - 인사, 조직(노무)관리, 사회적 경제기업	6
계			40

다. 교과목 구성

구 분		교 과 목		능력단위분류번호 (능력단위명)	편 성 시 간			비고 (자율편성)
		교과목명	시간		계	1학기	2학기	
총 계					1,400	680	720	
이론		소 계			90	80	10	(320)
	교양	직업과 사회	40		40	40		
		참人폴리텍	20		20	20		
		건강과 능력 개발	30		30	20	10	
실습		소 계			640	520	120	
	직종공통	측정	30	1502010504_14v2	30	30		
		선반	80	1502010104_16V4	40	40		
				1502010105_14V4	40	40		
		밀링	80	1502010204_16v4	40	40		
				1502010207_16v4	40	40		
		CNC 선반	120	1502010403_18v3	60	60		
				1502010404_18v5	60	60		
		머시닝센터	140	1502010405_18v3	60	60		
				1502010406_18v5	80	80		
		2D CAD	70	1501020111_16v3	70	70		
		3D CAD	60	1501020113_16v3	60		60	
		CAM	60	1502010408_18v5	60		60	
	특화전공	소계			670	80	590	
		소프트웨어 활용 및 코딩	40		40		40	
		프로젝트 실습	160		160		160	
		도면 해독과 CAM	70	1502010402_14v2	40		40	
				1502010407_18v5	30		30	
		정밀 가공 실습	160		160		160	*융복합교과 (160)
		문제 원형 실습	80		80	80		
		3D 프린터 제작 및 활용	160		160		160	(160)

7. 훈련 이수 체계도

수준 \ 직종	선반가공	밀링 가공	CAM	측정	타 직종
6 수준			작업계획 수립	작업 관리	
5 수준	작업계획 수립 / 부속장치 사용 / 장비 유지관리	작업계획 수립 / 품질 개선 활동	도면 해독 / CNC 복합 가공 프로그래밍 / CNC밀링 5축 가공 프로그래밍	작업 개선 활동 / 작업계획 수립	
4 수준	도면 분석	안전대책 수립 / 도면 분석	CNC EDM 가공 프로그래밍		
3 수준	공구 선정 / 편심·나사 작업	탭·드릴·보링 가공 / 치공구 관리	CNC 선반 가공 CAM 프로그래밍 / CNC 선반 가공 프로그래밍 / CNC 밀링(머시닝센터) 가공 프로그래밍 / CNC 밀링(머시닝센터) 가공 CAM 프로그래밍 / CNC EDW 가공 프로그래밍	3차원 측정 / 정밀 측정 (측정) / 도면 해독 (측정) / 측정기 유지관리 / 비교 측정	
2 수준	기본 작업 / 단순형상 작업 / 홈·테이퍼 작업 / 도면 해독 / 안전규정 준수	작업장 유지관리 / 기본 작업 / 도면 해독 / 엔드밀 가공 / 평면·총형 가공 / 안전규정 준수	CNC 선반 조작 / CNC 밀링(머시닝센터) 조작 / 안전규정 준수	기본 측정기 사용 / 육안검사	2D 도면 작업 (기계요소설계) / 3D 형상 모델링 작업(기계요소설계)
-	직업기초능력				

II. 교과목별 교수계획서

1. NCS 소양 교과(직업 기초 능력)(총 60시간)

교과목명				
직업과 사회(직업 기초 능력)				
대상 직종	교과 구분	교육 훈련 시간	교수명	
컴퓨터응용기계	NCS 소양	40		
1. 지도 목표		2. 교재		
• 직업인으로서 갖추어야 할 기본적인 소양을 함양할 수 있다.		• 직업과 사회 • 직업 기초 능력(1~10권)		
3. 주요 교수계획				
연번	능력단위 분류번호 / 교육훈련 내용	교육훈련 시간	훈련시설	비 고
1	의사 소통 능력 / 경청 능력	2	강의실	
2	의사소통 능력 / 경청 능력	2	강의실	
3	의사 소통 능력 / 의사 표현 능력	2	강의실	
4	의사 소통 능력 / 의사 표현 능력	2	강의실	
5	대인관계 능력 / 팀워크 능력	1	강의실	
6	대인관계 능력 / 팀워크 능력	1	강의실	
7	대인관계 능력 / 리더십 능력	1	강의실	
8	대인관계 능력 / 리더십 능력	1	강의실	
9	문제 해결 / 사고력	1	강의실	
10	문제 해결 / 사고력	1	강의실	
11	문제 해결 / 문제 처리 능력	1	강의실	
12	문제 해결 / 문제 처리 능력	1	강의실	
13	직업윤리 / 근로윤리 【인사조직(노무)관리】	1	강의실	
14	직업윤리 / 근로윤리 【인사조직(노무)관리】	1	강의실	
15	직업윤리 / 공동체윤리 【인사조직(노무)관리】	2	강의실	
16	직업윤리 / 공동체윤리	2	강의실	
17	자기 개발 능력 / 자아 인식 능력 【특허·실용 신안 등 지적재산권】	6	강의실	
18	자기 개발 능력 / 자아 인식 능력 【특허·실용 신안 등 지적재산권】	6	강의실	
19	조직 이해 능력 / 조직체제 이해 능력	3	강의실	
20	조직 이해 능력 / 조직체제 이해 능력	3	강의실	

수 행 평 가 서

학습자명: (○ 반, ○ 번)	평가자명(교수자):	평가 일시	
교과명: 직업과 사회	의사 소통 능력	1차: 2021년 월 일	
		2차:	
		3차:	

평가 방법:	전체 평가(고정 내용으로서 임의 변경 불가)	
본 평가는 단계별 자기평가의 학습과정이 완료된 학습자에 대하여 평가를 합니다. 학습을 위한 준비에서부터 실습의 완료 후 동작 확인까지 아래 사항의 수행 기준에 근거하여 학습자를 평가하여야 합니다. (본 능력단위의 평가 방법 등을 안내하여 학습자로 하여금 학습 준비를 할 수 있도록 함)	성취 수준	수행 정도
		5. 해당 지식과 기술을 확실하게 습득하여 직무수행에 필요한 기술적 사고력과 문제 해결력을 토대로 주도적으로 완벽한 작업을 수행할 수 있다.
		4. 해당 지식과 기술을 습득하여 직무수행에 필요한 기술적 사고력과 문제 해결력을 토대로 작업을 수행할 수 있다.
		3. 해당 지식과 기술을 대부분 습득하여 직무수행에 필요한 지식과 기술을 가지고 대부분의 작업을 수행할 수 있다.
		2. 해당 지식과 기술을 부분적으로 습득하여 직무수행에 필요한 지식과 기술을 가지고 타인과 공동으로 작업을 수행할 수 있다.
		1. 해당 지식과 기술을 습득하는데 부족함이 있어 타인의 도움을 받아야만 작업을 수행할 수 있다.
	평가자는 학습자의 달성 정도를 성취 수준에 표시한다.	

평가 영역 (단원명)	수 행 준 거	예	아니오
경청 능력	1. 경청의 개념 및 중요성을 설명할 수 있다.		
	2. 올바른 경청을 방해하는 요인을 찾을 수 있다.		
	3. 경청의 바람직한 자세에 대해 설명할 수 있다.		
	4. 대상과 상황에 따른 경청법을 파악하고 설명할 수 있다.		
의사 표현 능력	1. 의사 표현의 개념 및 중요성을 설명할 수 있다.		
	2. 의사 표현의 방해 요인과 제거 방법을 설명할 있다.		
	3. 원활한 의사소통을 위한 지침을 수립할 수 있다.		
	4. 설득력 있는 의사 표현의 기본 요소 및 특성을 설명할 수 있다.		

수 행 평 가 서

학습자명: (○ 반, ○ 번)	평가자명(교수자):	평가 일시	
교과명: 직업과 사회	대인관계 능력	1차: 2021년 월 일	
		2차:	
		3차:	

평가 방법:	전체 평가 (고정 내용으로서 임의 변경 불가)	
본 평가는 단계별 자기평가의 학습과정이 완료된 학습자에 대하여 평가를 합니다. 학습을 위한 준비에서부터 실습의 완료 후 동작 확인까지 아래 사항의 수행 기준에 근거하여 학습자를 평가하여야 합니다. (본 능력단위의 평가 방법 등을 안내하여 학습자로 하여금 학습 준비를 할 수 있도록 함)	성취 수준	수행 정도
		5. 해당 지식과 기술을 확실하게 습득하여 직무수행에 필요한 기술적 사고력과 문제 해결력을 토대로 주도적으로 완벽한 작업을 수행할 수 있다.
		4. 해당 지식과 기술을 습득하여 직무수행에 필요한 기술적 사고력과 문제 해결력을 토대로 작업을 수행할 수 있다.
		3. 해당 지식과 기술을 대부분 습득하여 직무수행에 필요한 지식과 기술을 가지고 대부분의 작업을 수행할 수 있다.
		2. 해당 지식과 기술을 부분적으로 습득하여 직무수행에 필요한 지식과 기술을 가지고 타인과 공동으로 작업을 수행할 수 있다.
		1. 해당 지식과 기술을 습득하는데 부족함이 있어 타인의 도움을 받아야만 작업을 수행할 수 있다.
	평가자는 학습자의 달성 정도를 성취 수준에 표시한다.	

평가 영역 (단원명)	수 행 준 거	예	아니오
팀워크 능력	1. 팀워크의 의미를 설명할 수 있다.		
	2. 효과적인 팀의 특성을 설명할 수 있다.		
	3. 멤버십의 의미를 설명할 수 있다.		
	4. 직장생활에서 팀크를을 촉진시키기 위한 방법을 활용할 수 있다.		
리더십 능력	1. 리더십의 의미를 설명할 수 있다.		
	2. 리더십의 유형을 구분할 수 있다.		
	3. 직장생활에서 조직구성원의 동기를 부여할 수 있는 방법을 활용할 수 있다.		
	4. 코칭으로 리더십 역량을 강화할 수 있는 방법을 설명할 수 있다.		
	5. 임파워먼트의 의미를 설명할 수 있다.		
	6. 직장생활에서 주도적으로 변화를 이끌 수 있다.		

수 행 평 가 서

학습자명: (○ 반, ○ 번)	평가자명(교수자):	평가 일시	
교과명: 직업과 사회	문제 해결 능력	1차: 2021년 월 일	
		2차:	
		3차:	

평가 방법:	전체 평가(고정 내용으로서 임의 변경 불가)	
본 평가는 단계별 자기평가의 학습과정이 완료된 학습자에 대하여 평가를 합니다. 학습을 위한 준비에서부터 실습의 완료 후 동작 확인까지 아래사항의 수행 기준에 근거하여 학습자를 평가하여야 합니다. (본 능력단위의 평가 방법 등을 안내하여 학습자로 하여금 학습 준비를 할 수 있도록 함)	성취 수준	수행 정도
	5.	해당 지식과 기술을 확실하게 습득하여 직무수행에 필요한 기술적 사고력과 문제 해결력을 토대로 주도적으로 완벽한 작업을 수행할 수 있다.
	4.	해당 지식과 기술을 습득하여 직무수행에 필요한 기술적 사고력과 문제 해결력을 토대로 작업을 수행할 수 있다.
	3.	해당 지식과 기술을 대부분 습득하여 직무수행에 필요한 지식과 기술을 가지고 대부분의 작업을 수행할 수 있다.
	2.	해당 지식과 기술을 부분적으로 습득하여 직무수행에 필요한 지식과 기술을 가지고 타인과 공동으로 작업을 수행할 수 있다.
	1.	해당 지식과 기술을 습득하는데 부족함이 있어 타인의 도움을 받아야만 작업을 수행할 수 있다.
	평가자는 학습자의 달성 정도를 성취 수준에 표시한다.	

평가 영역 (단원명)	수 행 준 거	예	아니오
사고력	1. 직장생활에서 발생한 문제를 창의적으로 사고할 수 있다.		
	2. 창의적 사고를 개발하기 위한 방법을 활용할 수 있다.		
	3. 직장생활에서 발생한 문제를 논리적으로 사고할 수 있다.		
	4. 논리적 사고를 개발하기 위한 방법을 활용할 수 있다.		
	5. 직장생활에서 발생한 문제를 비판적으로 사고할 수 있다.		
	6. 비판적 사고를 개발하기 위한 방법을 활용할 수 있다.		

문제 처리 능력	1. 직장생활에서 발생한 문제를 해결하는 과정을 이해할 수 있다.		
	2. 직장생활에서 발생한 문제를 인식할 수 있다.		
	3. 직장생활에서 발생한 문제를 도출할 수 있다.		
	4. 직장생활에서 발생한 문제의 원인을 분석할 수 있다.		
	5. 직장생활에서 발생한 문제의 해결안을 개발할 수 있다.		
	6. 직장생활에서 발생한 문제의 해결안을 실행하고 평가할 수 있다.		

수 행 평 가 서

학습자명: (O 반, O 번)	평가자명(교수자):	평가 일시	
교과명: 직업과 사회	직업윤리	1차: 2021년 월 일	
		2차:	
		3차:	

평가 방법:	전체 평가(고정 내용으로서 임의 변경 불가)	
본 평가는 단계별 자기평가의 학습과정이 완료된 학습자에 대하여 평가를 합니다. 학습을 위한 준비에서부터 실습의 완료 후 동작 확인까지 아래사항의 수행기준에 근거하여 학습자를 평가하여야 합니다. (본 능력단위의 평가 방법 등을 안내하여 학습자로 하여금 학습 준비를 할 수 있도록 함)	성취 수준	수행정도
	5.	해당 지식과 기술을 확실하게 습득하여 직무수행에 필요한 기술적 사고력과 문제 해결력을 토대로 주도적으로 완벽한 작업을 수행할 수 있다.
	4.	해당 지식과 기술을 습득하여 직무수행에 필요한 기술적 사고력과 문제 해결력을 토대로 작업을 수행할 수 있다.
	3.	해당 지식과 기술을 대부분 습득하여 직무수행에 필요한 지식과 기술을 가지고 대부분의 작업을 수행할 수 있다.
	2.	해당 지식과 기술을 부분적으로 습득하여 직무수행에 필요한 지식과 기술을 가지고 타인과 공동으로 작업을 수행할 수 있다.
	1.	해당 지식과 기술을 습득하는데 부족함이 있어 타인의 도움을 받아야만 작업을 수행할 수 있다.
	평가자는 학습자의 달성 정도를 성취 수준에 표시한다.	

평가 영역 (단원명)	수 행 준 거	예	아니오
근로윤리	1. 직업생활에서 근면한 태도를 설명할 수 있다.		
	2. 직업생활에서 정직한 태도를 설명할 수 있다.		
	3. 직업생활에서 성실한 자세를 설명할 수 있다.		
	4. 자신이 속한 조직 내 인사 조직(노무)관리의 중요성을 설명할 수 있다.		
공동체 윤리	1. 직업생활에서 봉사(서비스)의 의미를 설명할 수 있다.		
	2. 직업생활에서 책임의 의미를 설명할 수 있다.		
	3. 직업생활에서 준법의 의미를 설명할 수 있다.		
	4. 직업생활에서 예절의 의미를 설명할 수 있다.		
	5. 직업생활에서 성예절의 의미를 설명할 수 있다.		

수 행 평 가 서

학습자명: (○ 반, ○ 번)	평가자명(교수자):		평가 일시
교과명: 직업과 사회	자기개발능력		1차: 2021년 월 일
			2차:
			3차:

평가 방법:	전체 평가(고정 내용으로서 임의 변경 불가)	
본 평가는 단계별 자기평가의 학습과정이 완료된 학습자에 대하여 평가를 합니다. 학습을 위한 준비에서부터 실습의 완료 후 동작 확인까지 아래 사항의 수행 기준에 근거하여 학습자를 평가하여야 합니다. (본 능력단위의 평가 방법 등을 안내하여 학습자로 하여금 학습 준비를 할 수 있도록 함)	성취 수준	수행 정도
	5.	해당 지식과 기술을 확실하게 습득하여 직무수행에 필요한 기술적 사고력과 문제 해결력을 토대로 주도적으로 완벽한 작업을 수행할 수 있다.
	4.	해당 지식과 기술을 습득하여 직무수행에 필요한 기술적 사고력과 문제 해결력을 토대로 작업을 수행할 수 있다.
	3.	해당 지식과 기술을 대부분 습득하여 직무수행에 필요한 지식과 기술을 가지고 대부분의 작업을 수행할 수 있다.
	2.	해당 지식과 기술을 부분적으로 습득하여 직무수행에 필요한 지식과 기술을 가지고 타인과 공동으로 작업을 수행할 수 있다.
	1.	해당 지식과 기술을 습득하는데 부족함이 있어 타인의 도움을 받아야만 작업을 수행할 수 있다.
	평가자는 학습자의 달성 정도를 성취 수준에 표시한다.	

평가 영역 (단원명)	수 행 준 거	예	아니오
자아 인식 능력	1. 자아 인식의 개념과 중요성을 설명할 수 있다.		
	2. 자아를 인식하는 방법을 설명할 수 있다.		
	3. 일과 관련된 자기의 특성을 파악할 수 있다.		
	4. 자신이 한 일에 대해 반성적으로 성찰할 수 있다.		
	5. 자신을 브랜드화하여 가치를 부여할 수 있다.		
	6. 특허, 실용신안 등 지적재산권 관련 내용을 설명할 수 있다.		
경력 개발 능력	1. 경력 개발의 의미를 설명할 수 있다.		
	2. 자신의 경력 단계를 확인할 수 있다.		
	3. 경력 개발 계획을 수립할 수 있다.		
	4. 경력 개발의 최근 이슈를 설명할 수 있다.		

2. NCS 전공 교과(총 880시간)

교과목명				
측정				
대상 직종	교과 구분	교육 훈련 시간		교수명
컴퓨터응용기계	NCS전공 교과 (직종 공통)	30		
1. 지도 목표		2. 교재(학습모듈)		
• 절삭 전·후의 결과를 일반 측정기를 이용하여 정량적으로 나타내는 능력과 연삭 가공된 부품을 도면에 의거하여 치수, 형상 등을 정밀하게 측정 또는 검사할 수 있다. • 프레스가공 분야에서 기본적으로 사용되는 수동공구 및 동력공구를 사용하는 능력을 함양할 수 있다.		• 일반 측정 학습모듈 • 기본 공구 사용 학습모듈		

3. 주요 교수계획

연번	능력단위 분류번호 능력단위	교육훈련 시간	능력단위 요소명	교육훈련 시간	훈련시설	비고
1	1502010504_14v2 기본 측정기 사용	30	작업계획 파악하기	6	측정실	
			측정기 선정하기	20	측정실	
			기본 측정기 사용하기	4	측정실	

수 행 평 가 서

학습자명: (○ 반, ○ 번)	평가자명(교수자):	평가 일시	
교과명: 측정	1502010504_14v2 기본 측정기 사용	1차: 2021년 월 일	
		2차:	
		3차:	

평가 방법: 본 평가는 단계별 자기평가의 학습과정이 완료된 학습자에 대하여 평가를 합니다. 학습을 위한 준비에서부터 실습의 완료 후 동작 확인까지 아래 사항의 수행 기준에 근거하여 학습자를 평가하여야 합니다. (본 능력단위의 평가 방법 등을 안내하여 학습자로 하여금 학습 준비를 할 수 있도록 함)	전체 평가(고정 내용으로서 임의 변경 불가)	
	성취 수준	수행정도
		5. 해당 지식과 기술을 확실하게 습득하여 직무수행에 필요한 기술적 사고력과 문제 해결력을 토대로 주도적으로 완벽한 작업을 수행할 수 있다.
		4. 해당 지식과 기술을 습득하여 직무수행에 필요한 기술적 사고력과 문제 해결력을 토대로 작업을 수행할 수 있다.
		3. 해당 지식과 기술을 대부분 습득하여 직무수행에 필요한 지식과 기술을 가지고 대부분의 작업을 수행할 수 있다.
		2. 해당 지식과 기술을 부분적으로 습득하여 직무수행에 필요한 지식과 기술을 가지고 타인과 공동으로 작업을 수행할 수 있다.
		1. 해당 지식과 기술을 습득하는데 부족함이 있어 타인의 도움을 받아야만 작업을 수행할 수 있다.
	평가자는 학습자의 달성 정도를 성취 수준에 표시한다.	

평가 영역 (단원명)	수 행 준 거	예	아니오
1502010504_14v2.1 작업계획 파악하기	1.1 작업지시서와 도면으로부터 측정하고자 하는 부분을 파악할 수 있다.		
	1.2 작업지시서와 도면으로부터 측정 방법을 파악할 수 있다.		
1502010504_14v2.2 측정기 선정하기	2.1 제품의 형상과 측정 범위, 허용공차, 치수 정도에 알맞은 측정기를 선정할 수 있다.		
	2.2 측정에 필요한 보조기구를 선정할 수 있다.		
1502010504_14v2.3 기본 측정기 사용하기	3.1 측정에 적합하도록 측정물을 설치할 수 있다.		
	3.2 측정기의 0점 세팅을 수행할 수 있다.		
	3.3 측정 오차 요인이 측정기나 공작물에 영향을 주지 않도록 조치할 수 있다.		
	3.4 작업표준 또는 측정기의 사용법에 따라 측정을 수행할 수 있다		
	3.5 측정기 지시값을 읽을 수 있다.		
	3.6 측정된 결과가 도면의 요구사항에 부합하는지 판단할 수 있다.		

교과목명			
선반			
대상 직종	교과 구분	교육 훈련 시간	교수명
컴퓨터응용기계	NCS전공교과 (직종공통)	80	

1. 지도 목표	2. 교재(학습모듈)
선반가공 시 공작물 재질과 제품의 형상 특성을 기준면을 설정하고 절삭공구를 선정하여 가공 조건에 맞추어 내·외경을 도면의 요구조건에 맞추어 가공 할 수 있다.	• 기계가공 선반(기본 작업) • 기계가공 선반(단순 형상)

3. 주요 교수계획

연번	능력단위 분류번호 능력단위	교육훈련 시간	능력단위 요소명	교육훈련 시간	훈련시설	비고
1	1502010104_16v4 기본 작업 (선반가공)	40	작업 준비하기	4	범용 공작실	
			본가공 수행하기	28	범용 공작실	
			검사·수정하기	8	범용 공작실	
2	1502010105_14v2 단순 형상 작업	40	작업 준비하기	4	범용 공작실	
			본가공 수행하기	28	범용 공작실	
			검사·수정하기	8	범용 공작실	

3.1 강의자료 개발을 위한 교육훈련 운영계획서 내용 분석

수 행 평 가 서

학습자명: (반, 번)	평가자명(교수자):	평가 일시	
교과명: 선반	1502010104_16v4 기본 작업(선반가공)	1차: 2021년 월 일	
		2차:	
		3차:	

평가 방법:	전체 평가(고정 내용으로서 임의 변경 불가)	
본 평가는 단계별 자기평가의 학습과정이 완료된 학습자에 대하여 평가를 합니다. 학습을 위한 준비에서부터 실습의 완료 후 동작 확인까지 아래 사항의 수행 기준에 근거하여 학습자를 평가하여야 합니다. (본 능력단위의 평가 방법 등을 안내하여 학습자로 하여금 학습 준비를 할 수 있도록 함)	성취 수준	수행정도
		5. 해당 지식과 기술을 확실하게 습득하여 직무수행에 필요한 기술적 사고력과 문제 해결력을 토대로 주도적으로 완벽한 작업을 수행할 수 있다.
		4. 해당 지식과 기술을 습득하여 직무수행에 필요한 기술적 사고력과 문제 해결력을 토대로 작업을 수행할 수 있다.
		3. 해당 지식과 기술을 대부분 습득하여 직무수행에 필요한 지식과 기술을 가지고 대부분의 작업을 수행할 수 있다.
		2. 해당 지식과 기술을 부분적으로 습득하여 직무수행에 필요한 지식과 기술을 가지고 타인과 공동으로 작업을 수행할 수 있다.
		1. 해당 지식과 기술을 습득하는데 부족함이 있어 타인의 도움을 받아야만 작업을 수행할 수 있다.
	평가자는 학습자의 달성 정도를 성취 수준에 표시한다.	

평가 영역 (단원명)	수 행 준 거	예	아니오
1502010104_16v4.1 작업 준비하기	1.1 제품의 형상에 적합한 공구를 선택할 수 있다.		
	1.2 공작물의 설치 방법에 따라 공작물을 설치할 수 있다.		
	1.3 절삭공구를 작업 순서 및 사용 빈도를 고려하여 공구대에 설치할 수 있다.		
	1.4 도면에 의해서 제품의 형상, 특성에 따른 기준면을 설정할 수 있다.		

1502010104_16v4.2 본가공 수행하기	2.1 작업 요구사항과 작업표준서에 따라 장비를 설정할 수 있다.		
	2.2 수동 작업 시 가공 조건을 충족할 수 있도록 이송 속도, 이송 범위, 절삭 깊이를 조절할 수 있다.		
	2.3 이상 발생 시 작업표준서에 따라 조치를 취하고 보고할 수 있다.		
	2.4 가공 조건이 부적합할 경우 수정할 수 있다.		
	2.5 공작물의 가공 여유를 주고 공작물의 흑피를 제거할 수 있다.		
	2.6 기준면 가공에 적합한 절삭 조건을 산출하고 적용할 수 있다.		
	2.7 절삭 칩이 공작물에 감겨 회전하지 않도록 칩브레이커를 사용하여 절삭 칩을 끊어 주면서 가공할 수 있다.		
	2.8 상황에 따라 건식 및 습식 절삭을 할 수 있다.		
1502010104_16v4.3 검사 · 수정하기	3.1 측정 대상별 측정 방법과 측정기의 종류를 파악하여 측정 오차가 생기지 않도록 측정할 수 있다.		
	3.2 공구 수명 단축 원인 및 가공 치수 불량의 원인을 파악하고 적절한 대처방안을 강구할 수 있다.		
	3.3 측정 후 불량 부위 발생 시 수정 여부를 결정할 수 있다.		

수 행 평 가 서

학습자명: (　반,　번)	평가자명(교수자):	평가 일시	
교과명: 선반	1502010105_14v2 단순 형상 작업	1차: 2021년　월　일	
		2차:	
		3차:	
평가 방법: 본 평가는 단계별 자기평가의 학습과정이 완료된 학습자에 대하여 평가를 합니다. 학습을 위한 준비에서부터 실습의 완료 후 동작 확인까지 아래 사항의 수행 기준에 근거하여 학습자를 평가하여야 합니다. (본 능력단위의 평가 방법 등을 안내하여 학습자로 하여금 학습 준비를 할 수 있도록 함)	전체 평가(고정 내용으로서 임의 변경 불가)		
	성취 수준	수행정도	
		5. 해당 지식과 기술을 확실하게 습득하여 직무수행에 필요한 기술적 사고력과 문제 해결력을 토대로 주도적으로 완벽한 작업을 수행할 수 있다.	
		4. 해당 지식과 기술을 습득하여 직무수행에 필요한 기술적 사고력과 문제 해결력을 토대로 작업을 수행할 수 있다.	
		3. 해당 지식과 기술을 대부분 습득하여 직무수행에 필요한 지식과 기술을 가지고 대부분의 작업을 수행할 수 있다.	
		2. 해당 지식과 기술을 부분적으로 습득하여 직무수행에 필요한 지식과 기술을 가지고 타인과 공동으로 작업을 수행할 수 있다.	
		1. 해당 지식과 기술을 습득하는데 부족함이 있어 타인의 도움을 받아야만 작업을 수행할 수 있다.	
	평가자는 학습자의 달성 정도를 성취 수준에 표시한다.		

평가 영역 (단원명)	수 행 준 거	예	아니오
1502010105_14v2.1 작업 준비하기	1.1 제품의 형상에 적합한 절삭공구를 선택할 수 있다.		
	1.2 공작물의 설치 방법에 따라 부속장치를 사용하여 공작물을 설치할 수 있다.		
	1.3 절삭공구를 작업 순서 및 사용빈도를 고려하여 공구대에 설치할 수 있다.		
	1.4 도면에 의해서 제품의 형상, 특성에 따른 기준면을 설정할 수 있다.		

1502010105_14v2.2 본가공 수행하기	2.1 작업 요구사항과 작업표준서에 따라 장비를 설정할 수 있다.	
	2.2 수동 작업 시 가공 조건을 충족할 수 있도록 이송 속도, 이송 범위, 절삭 깊이를 조절할 수 있다.	
	2.3 이상 발생 시 작업표준서에 따라 조치를 취하고 보고할 수 있다.	
	2.4 가공 조건이 부적합할 경우 수정할 수 있다.	
	2.5 공작물의 가공 여유를 주고 공작물의 흑피를 제거할 수 있다.	
	2.6 기준면 가공에 적합한 절삭 조건을 산출하고 적용할 수 있다.	
	2.7 절삭 칩이 공작물에 감겨 회전하지 않도록 칩브레이커를 사용하여 절삭 칩을 끊어주면서 가공할 수 있다.	
	2.8 드릴 작업 시 드릴이 공작물을 관통할 때 이동속도를 감속할 수 있다.	
	2.9 상황에 따라 건식 및 습식 절삭을 할 수 있다.	
	2.10 널링 가공 시 공작물의 크기와 재질에 따라 절삭 조건을 선정할 수 있다.	
1502010105_14v2.3 검사·수정하기	3.1 측정 대상별 측정 방법과 측정기의 종류를 파악하여 측정 오차가 생기지 않도록 측정할 수 있다.	
	3.2 공구 수명 단축 원인 및 가공 치수 불량의 원인을 파악하고 적절한 대처 방안을 강구할 수 있다.	
	3.3 측정 후 불량 부위 발생 시 수정 여부를 결정할 수 있다.	

교과목명				
밀링				
대상 직종		교과 구분	교육 훈련 시간	교수명
컴퓨터 응용기계		NCS 전공 교과 (직종 공통)	80	
1. 지도 목표			2. 교재(학습 모듈)	
밀링을 활용하여 절삭 조건, 공구 선정, 장비 가동 상태 점검, 재료 준비를 준비하고 해당 기계를 사용하여 제품을 가공할 수 있다.			• 기계가공 밀링(기본 작업) • 기계가공 밀링(엔드밀 가공)	

3. 주요 교수계획

연번	능력단위 분류번호 능력단위	교육훈련 시간	능력단위 요소명	교육훈련 시간	훈련 시설	비고
1	1502010204_16v4 기본 작업(밀링가공)	40	작업 준비하기	4	범용 공작실	
			본가공 수행하기	28	범용 공작실	
			검사·수정하기	8	범용 공작실	
2	1502010207_16v4 엔드밀 가공	40	작업 준비하기	4	범용 공작실	
			본가공 수행하기	28	범용 공작실	
			검사·수정하기	8	범용 공작실	

수 행 평 가 서

학습자명: (　반,　번)	평가자명(교수자):	평가 일시	
교과명: 밀링	1502010204_16v4 기본 작업(밀링가공)	1차: 2021년　월　일	
		2차:	
		3차:	
평가 방법: 본 평가는 단계별 자기평가의 학습과정이 완료된 학습자에 대하여 평가를 합니다. 학습을 위한 준비에서부터 실습의 완료 후 동작 확인까지 아래 사항의 수행 기준에 근거하여 학습자를 평가하여야 합니다. (본 능력단위의 평가 방법 등을 안내하여 학습자로 하여금 학습 준비를 할 수 있도록 함)	전체평가(고정내용으로서 임의 변경 불가)		
	성취 수준	수행 정도	
		5. 해당 지식과 기술을 확실하게 습득하여 직무수행에 필요한 기술적 사고력과 문제 해결력을 토대로 주도적으로 완벽한 작업을 수행할 수 있다.	
		4. 해당 지식과 기술을 습득하여 직무수행에 필요한 기술적 사고력과 문제 해결력을 토대로 작업을 수행할 수 있다.	
		3. 해당 지식과 기술을 대부분 습득하여 직무수행에 필요한 지식과 기술을 가지고 대부분의 작업을 수행할 수 있다.	
		2. 해당 지식과 기술을 부분적으로 습득하여 직무수행에 필요한 지식과 기술을 가지고 타인과 공동으로 작업을 수행할 수 있다.	
		1. 해당 지식과 기술을 습득하는데 부족함이 있어 타인의 도움을 받아야만 작업을 수행할 수 있다.	
	평가자는 학습자의 달성 정도를 성취 수준에 표시한다.		

평가 영역 (단원명)	수 행 준 거	예	아니오
1502010204_16v4.1 작업 준비하기	1.1 제품의 형상에 적합한 공구를 선택할 수 있다.		
	1.2 공작물의 설치 방법에 따라 공작물을 설치할 수 있다.		
	1.3 절삭공구를 작업 순서를 고려하여 설치할 수 있다.		
	1.4 도면에 의해서 제품의 형상, 특성에 따른 기준면을 설정할 수 있다.		

1502010204_16v4.2 본가공 수행하기	2.1 작업 요구사항과 작업표준서에 의거하여 장비를 설정할 수 있다.		
	2.2 작업절차서, 작업지시서, 감독자의 지시로부터 절삭 조건을 결정할 수 있다.		
	2.3 절삭 조건이 부적합할 경우 수정할 수 있다.		
	2.4 작업 안전에 유의하여 작업절차서, 작업지시서, 감독자의 지시에 따라 공작물을 설치할 수 있다.		
	2.5 기준면 가공에 적합한 절삭 조건을 산출하고 적용할 수 있다.		
	2.6 작업절차서, 작업시지서, 감독자의 지시에 따라 공작물을 가공할 수 있다.		
	2.7 수동 작업 시 절삭 조건을 충족할 수 있도록 이송 속도, 이송 범위, 절삭 깊이를 조절할 수 있다.		
	2.8 이상 발생 시 작업표준서에 의거하여 조치를 취하거나 상급자에게 보고할 수 있다.		
	2.9 상황에 따라 건식 및 습식 절삭을 수행할 수 있다.		
	2.10 공구사용기준에 맞게 일상적인 유지관리를 수행할 수 있다.		
1502010204_16v4.3 검사·수정하기	3.1 측정 대상별 측정방법과 측정기의 종류를 파악하여 측정오차가 생기지 않도록 측정할 수 있다.		
	3.2 공구 수명 단축 원인 및 가공 치수 불량의 원인을 파악하고 적절한 대처 방안을 강구할 수 있다.		
	3.3 측정 후 불량 부위 발생 시 보고를 하고 수정 여부를 지시받을 수 있다.		

수 행 평 가 서

학습자명: (반, 번)	평가자명(교수자):	평가 일시	
교과명: 밀링	1502010207_16v4 엔드밀 가공	1차: 2021년 월 일	
		2차:	
		3차:	
평가 방법: 본 평가는 단계별 자기평가의 학습과정이 완료된 학습자에 대하여 평가를 합니다. 학습을 위한 준비에서부터 실습의 완료 후 동작 확인까지 아래 사항의 수행 기준에 근거하여 학습자를 평가하여야 합니다. (본 능력단위의 평가 방법 등을 안내하여 학습자로 하여금 학습 준비를 할 수 있도록 함)	전체 평가(고정 내용으로서 임의 변경 불가)		
	성취 수준	수행 정도	
		5. 해당 지식과 기술을 확실하게 습득하여 직무수행에 필요한 기술적 사고력과 문제 해결력을 토대로 주도적으로 완벽한 작업을 수행할 수 있다.	
		4. 해당 지식과 기술을 습득하여 직무수행에 필요한 기술적 사고력과 문제 해결력을 토대로 작업을 수행할 수 있다.	
		3. 해당 지식과 기술을 대부분 습득하여 직무수행에 필요한 지식과 기술을 가지고 대부분의 작업을 수행할 수 있다.	
		2. 해당 지식과 기술을 부분적으로 습득하여 직무수행에 필요한 지식과 기술을 가지고 타인과 공동으로 작업을 수행할 수 있다.	
		1. 해당 지식과 기술을 습득하는데 부족함이 있어 타인의 도움을 받아야만 작업을 수행할 수 있다.	
	평가자는 학습자의 달성 정도를 성취 수준에 표시한다.		

평가 영역 (단원명)	수행 준거	예	아니오
1502010207_16v4.1 작업 준비하기	1.1 제품의 형상에 적합한 공구를 선택할 수 있다.		
	1.2 공작물의 설치 방법에 따라 공작물을 설치할 수 있다.		
	1.3 작업 순서를 고려하여 절삭공구를 설치할 수 있다.		
	1.4 도면에 의해서 제품의 형상, 특성에 따른 기준면을 설정할 수 있다.		
	1.5 도면, 작업지시서에 지정된 X, Y, Z축의 가공 시작점을 설정할 수 있다.		
	1.6 도면에 의거 엔드밀 작업 범위를 설정하여 작업 순서를 수립할 수 있다.		

1502010207_16v4.2 본 가공 수행하기	2.1 작업 요구사항과 작업표준서에 의거하여 장비를 설정하고, 가공 작업을 수행할 수 있다.	
	2.2 수동 작업 시 절삭 조건을 충족할 수 있도록 이송 속도, 이송 범위, 절삭 깊이를 조절할 수 있다	
	2.3 이상 발생 시 작업표준서에 의거하여 조치를 취하고 보고할 수 있다.	
	2.4 절삭 조건이 부적합할 경우 수정할 수 있다.	
	2.5 끼워 맞춤의 종류와 방식을 이해하고 기계적인 용도에 맞추어 가공할 수 있다.	
1502010207_16v4.3 검사 · 수정하기	3.1 측정 대상별 측정 방법과 측정기의 종류를 파악하여 측정 오차가 생기지 않도록 측정할 수 있다.	
	3.2 공구 수명 단축 원인과 가공 치수 불량의 원인을 파악하고 적절한 대처방안을 강구할 수 있다.	
	3.3 측정 후 불량 부위 발생 시 수정 여부를 결정할 수 있다.	
	3.4 측정용 핀을 이용하여 더브테일의 각도를 측정할 수 있다.	

교과목명				
CNC 선반				
대상 직종	교과 구분	교육 훈련 시간		교수명
컴퓨터 응용기계	NCS 전공 교과 (직종 공통)	120		
1. 지도 목표		2. 교재(학습모듈)		
모듈) • CNC 선반 장비의 조작법을 익히고 절삭공구를 사용하여 부품의 제작과 측정을 하는 능력과 도면을 보고 작업 공정을 설정하며 G코드와 보조 기능을 이용한 CNC 선반 프로그램을 작성하는 능력을 함양한다.		• CNC 선반 조작 • CNC 선반 가공 매뉴얼 프로그래밍		
3. 주요 교수계획				

연번	능력단위 분류번호 능력단위	교육훈련 시간	능력단위 요소명	교육훈련 시간	훈련시설	비고
1	1502010403_14v2 CNC 선반 조작	60	CNC 선반 조작 준비하기	12	CNC 선반실	
			CNC 선반 조작하기	36	CNC 선반실	
			측정·검사하기	12	CNC 선반실	
2	1502010404_16v4 CNC 선반 가공 매뉴얼 프로그래밍	60	CNC 선반 가공 프로그램 작성 준비하기	12	CNC 선반실	
			CNC 선반 가공 프로그램 작성하기	36	CNC 선반실	
			CNC 선반 가공 프로그램 확인하기	12	CNC 선반실	

수 행 평 가 서

학습자명: (반, 번)	평가자명(교수자):	평가 일시	
교과명: CNC 선반	1502010403_14v2 CNC 선반 조작	1차: 2021년 월 일	
		2차:	
		3차:	

평가 방법:	전체 평가(고정 내용으로서 임의 변경 불가)	
본 평가는 단계별 자기평가의 학습과정이 완료된 학습자에 대하여 평가를 합니다. 학습을 위한 준비에서부터 실습의 완료 후 동작 확인까지 아래 사항의 수행 기준에 근거하여 학습자를 평가하여야 합니다. (본 능력단위의 평가 방법 등을 안내하여 학습자로 하여금 학습 준비를 할 수 있도록 함)	성취 수준	수행 정도
		5. 해당 지식과 기술을 확실하게 습득하여 직무수행에 필요한 기술적 사고력과 문제 해결력을 토대로 주도적으로 완벽한 작업을 수행할 수 있다.
		4. 해당 지식과 기술을 습득하여 직무수행에 필요한 기술적 사고력과 문제 해결력을 토대로 작업을 수행할 수 있다.
		3. 해당 지식과 기술을 대부분 습득하여 직무수행에 필요한 지식과 기술을 가지고 대부분의 작업을 수행할 수 있다.
		2. 해당 지식과 기술을 부분적으로 습득하여 직무수행에 필요한 지식과 기술을 가지고 타인과 공동으로 작업을 수행할 수 있다.
		1. 해당 지식과 기술을 습득하는데 부족함이 있어 타인의 도움을 받아야만 작업을 수행할 수 있다.
	평가자는 학습자의 달성 정도를 성취 수준에 표시한다.	

평가 영역 (단원명)	수 행 준 거	예	아니오
1502010403_14v2.1 CNC 선반 조작 준비하기	1.1 CNC 선반 장비의 취급설명서를 숙지하고 장비를 조작할 수 있다.		
	1.2 CNC 선반 장비의 안전운전 준수사항을 숙지하고 안전하게 장비를 조작할 수 있다.		
	1.3 소재를 적절한 압력으로 척에 고정할 수 있다.		
	1.4 소프트죠(Soft jaw)를 장착할 수 있다.		
	1.5 작업공정 순으로 절삭공구를 공구대(Turret)에 설치할 수 있다.		
	1.6 CNC 선반 장비의 유지보수 설명서를 숙지하고 장비를 유지 관리할 수 있다.		
	1.7 CNC 선반 컨트롤러의 주요 알람 메시지에 관한 정보를 이해할 수 있다.		

1502010403_14v2.2 CNC 선반 조작하기	2.1 공작물 좌표계 설정을 할 수 있다.		
	2.2 작업공정에서 선정된 각 공구의 공구 보정(Tool offset)을 할 수 있다.		
	2.3 CNC 프로그램을 전송 매체를 활용하거나 수동입력을 통해 CNC 선반 컨트롤러에 가공 프로그램을 등록할 수 있다.		
	2.4 자동 운전 모드에서 안전하게 시제품을 가공할 수 있다.		
	2.5 가공부품을 확인하고 공작물 좌표계 보정량 및 공구 보정량을 수정할 수 있다.		
	2.6 생산성을 높이기 위하여 절삭 조건 수정 및 프로그램을 수정할 수 있다.		
	2.7 공구 수명이 완료되었거나 손상된 공구를 확인하고 교체할 수 있다.		
1502010403_14v2.3 측정·검사하기	3.1 부품의 형상과 측정위치 공차 범위를 고려하여 측정기를 선정할 수 있다.		
	3.2 도면 사양에 일치하게 부품을 제작하고 측정기 사용법을 준수하여 측정 및 검사를 할 수 있다.		
	3.3 불량 발생 시 원인을 규명하고 수정할 수 있다.		
	3.4 부품의 검사 기준을 정하고 검사 성적서를 작성하고 보고할 수 있다.		

수 행 평 가 서

학습자명: (반, 번)	평가자명(교수자):	평가 일시	
교과명: CNC 선반	1502010404_16v4 CNC 선반 가공 매뉴얼 프로그래밍	1차: 2020년 월 일	
		2차:	
		3차:	

평가 방법:	전체 평가(고정 내용으로서 임의 변경 불가)	
본 평가는 단계별 자기평가의 학습과정이 완료된 학습자에 대하여 평가를 합니다. 학습을 위한 준비에서부터 실습의 완료 후 동작 확인까지 아래 사항의 수행 기준에 근거하여 학습자를 평가하여야 합니다. (본 능력단위의 평가 방법 등을 안내하여 학습자로 하여금 학습 준비를 할 수 있도록 함)	성취 수준	수행 정도
	5.	해당 지식과 기술을 확실하게 습득하여 직무수행에 필요한 기술적 사고력과 문제 해결력을 토대로 주도적으로 완벽한 작업을 수행할 수 있다.
	4.	해당 지식과 기술을 습득하여 직무수행에 필요한 기술적 사고력과 문제 해결력을 토대로 작업을 수행할 수 있다.
	3.	해당 지식과 기술을 대부분 습득하여 직무수행에 필요한 지식과 기술을 가지고 대부분의 작업을 수행할 수 있다.
	2.	해당 지식과 기술을 부분적으로 습득하여 직무수행에 필요한 지식과 기술을 가지고 타인과 공동으로 작업을 수행할 수 있다.
	1.	해당 지식과 기술을 습득하는데 부족함이 있어 타인의 도움을 받아야만 작업을 수행할 수 있다.
	평가자는 학습자의 달성 정도를 성취 수준에 표시한다.	

평가 영역 (단원명)	수 행 준 거	예	아니오
1502010404_16v4.1 CNC 선반 가공 프로그램 작성 준비하기	1.1 작업 도면에 준하여 CNC 선반기계의 사양을 확인하고 가공 가능한 기계를 선택할 수 있다.		
	1.2 작업 공정에 알맞은 CNC 선반 공구를 선택하고 작업 공정을 순서대로 시트에 작성할 수 있다.		
	1.3 작업 공정에 준하여 재료와 사용 공구의 조건에 따라 각 공정별 절삭 조건을 설정할 수 있다.		
	1.4 도면 사양에 부합되는 부품을 제작하기 위하여 관련 기술 자료를 참고할 수 있다.		

1502010404_16v4.2 CNC 선반 가공 프로그램 작성하기	2.1 작성된 시트의 작업 공정을 보고 CNC 선반 프로그램을 G코드와 보조 기능을 사용하여 작성할 수 있다.		
	2.2 프로그램 작성 시 공작물 회전수, 공구 이송 속도, 절삭공구의 절입 깊이, 재료 물림량 등의 절삭 조건을 참고하여 절삭 조건을 결정할 수 있다.		
	2.3 가공 형상에 적합한 CNC 선반 공구를 선택하고 결정된 절삭 조건으로 공구 경로를 결정하고 공정 순서대로 프로그램을 작성할 수 있다.		
1502010404_16v4.3 CNC 선반 가공 프로그램 확인하기	3.1 작성된 CNC 프로그램을 콘트롤러나 컴퓨터에 입력할 수 있다.		
	3.2 입력된 CNC 프로그램을 머신록 상태에서 그래픽으로 공구 경로의 이상 유무를 확인할 수 있다.		
	3.3 프로그램 알람 발생 시 알람 조치와 잘못된 공구 경로의 프로그램을 수정할 수 있다.		

교과목명				
머시닝센터				
대상 직종	교과 구분	교육 훈련 시간		교수명
컴퓨터 응용기계	NCS 전공 교과 (직종 공통)	140		

1. 지도 목표	2. 교재(학습모듈)
도면을 보고 작업 공정을 설정하고 G코드 및 CAM 시스템에서 머시닝센터 프로그램을 작성하고 머시닝센터 장비를 사용하여 부품의 제작과 측정을 할 수 있다	• CNC 밀링(머시닝센터) 조작 • CNC 밀링(머시닝센터) 가공 매뉴얼 프로그래밍

3. 주요 교수계획

연번	능력단위 분류번호 능력단위	교육훈련 시간	능력단위 요소명	교육훈련 시간	훈련 시설	비고
1	1502010405_14v2 CNC 밀링 (머시닝센터) 조작	60	CNC 밀링 (머시닝센터) 조작 준비하기	12	머시닝 센터실	
			CNC 밀링 (머시닝센터) 조작하기	36	머시닝 센터실	
			측정·검사하기	12	머시닝 센터실	
2	1502010406_16v4 CNC 밀링(머시닝센터) 가공 매뉴얼 프로그래밍	80	CNC 밀링 (머시닝센터) 가공 프로그램 작성 준비하기	18	머시닝 센터실	
			CNC 밀링 (머시닝센터) 가공 프로그램 작성하기	44	머시닝 센터실	
			CNC 밀링 (머시닝센터) 가공 프로그램 확인하기	18	머시닝 센터실	

수 행 평 가 서

학습자명: (반, 번)	평가자명(교수자):	평가 일시	
교과명: 머시닝센터	1502010405_14v2 CNC 밀링(머시닝센터) 조작	1차: 2021년 월 일	
		2차:	
		3차:	
평가 방법: 본 평가는 단계별 자기평가의 학습과정이 완료된 학습자에 대하여 평가를 합니다. 학습을 위한 준비에서부터 실습의 완료 후 동작 확인까지 아래 사항의 수행 기준에 근거하여 학습자를 평가하여야 합니다. (본 능력단위의 평가 방법 등을 안내하여 학습자로 하여금 학습 준비를 할 수 있도록 함)	전체 평가(고정 내용으로서 임의 변경 불가)		
	성취 수준	수행 정도	
		5. 해당 지식과 기술을 확실하게 습득하여 직무수행에 필요한 기술적 사고력과 문제 해결력을 토대로 주도적으로 완벽한 작업을 수행할 수 있다.	
		4. 해당 지식과 기술을 습득하여 직무수행에 필요한 기술적 사고력과 문제 해결력을 토대로 작업을 수행할 수 있다.	
		3. 해당 지식과 기술을 대부분 습득하여 직무수행에 필요한 지식과 기술을 가지고 대부분의 작업을 수행할 수 있다.	
		2. 해당 지식과 기술을 부분적으로 습득하여 직무수행에 필요한 지식과 기술을 가지고 타인과 공동으로 작업을 수행할 수 있다.	
		1. 해당 지식과 기술을 습득하는데 부족함이 있어 타인의 도움을 받아야만 작업을 수행할 수 있다.	
	평가자는 학습자의 달성 정도를 성취 수준에 표시한다.		

평가 영역 (단원명)	수 행 준 거	예	아니오
1502010405_14v2.1 CNC 밀링 (머시닝센터) 조작 준비하기	1.1 CNC 밀링(머시닝센터) 장비의 취급설명서를 숙지하고 장비를 조작할 수 있다.		
	1.2 CNC 밀링(머시닝센터) 장비의 안전운전 준수사항을 숙지하고 안전하게 장비를 조작할 수 있다.		
	1.3 소재를 바이스에 정확하게 고정할 수 있다.		
	1.4 작업공정 순으로 절삭공구를 설치할 수 있다.		
	1.5 CNC 밀링(머시닝센터) 장비의 유지보수 설명서를 숙지하고 장비를 유지 관리할 수 있다.		
	1.6 CNC 밀링(머시닝센터) 컨트롤러의 주요 알람 메시지에 관한 정보를 이해할 수 있다.		

1502010405_14v2.2 CNC 밀링 (머시닝센터) 조작하기	2.1 공작물 좌표계 설정을 할 수 있다.		
	2.2 작업공정에서 선정된 공구의 공구보정(Tool offset)을 할 수 있다.		
	2.3 CNC 프로그램을 수동으로 입력하거나 전송매체를 이용하여 CNC 밀링(머시닝센터)에서 안전하게 시제품을 가공할 수 있다.		
	2.4 가공부품을 확인하고 공작물 좌표계 보정량 및 공구 보정량을 수정할 수 있다.		
	2.5 생산성을 높이기 위하여 절삭조건 수정 및 프로그램을 수정할 수 있다.		
	2.6 공구 수명이 완료되었거나 손상된 공구를 확인하고 교체할 수 있다.		
1502010405_14v2.3 측정·검사하기	3.1 부품의 형상과 측정 위치 공차 범위를 고려하여 측정기를 선정할 수 있어야 한다.		
	3.2 도면 사양에 일치하게 부품을 제작하고 측정기 사용법을 준수하여 측정 및 검사를 할 수 있어야 한다.		
	3.3 불량 발생 시 원인을 규명하고 수정할 수 있어야 한다.		
	3.4 부품의 검사 기준을 정하고 검사 성적서를 작성하여 보고할 수 있어야 한다.		

수 행 평 가 서

학습자명: (반, 번)	평가자명(교수자):	평가 일시	
교과명: 머시닝센터	1502010406_16v4 CNC 밀링(머시닝센터) 가공 프로그래밍	1차: 2021년 월 일	
		2차:	
		3차:	
평가 방법: 본 평가는 단계별 자기평가의 학습과정이 완료된 학습자에 대하여 평가를 합니다. 학습을 위한 준비에서부터 실습의 완료 후 동작 확인까지 아래 사항의 수행 기준에 근거하여 학습자를 평가하여야 합니다. (본 능력단위의 평가 방법 등을 안내하여 학습자로 하여금 학습 준비를 할 수 있도록 함)	전체 평가(고정 내용으로서 임의 변경 불가)		
	성취 수준	수행 정도	
	5.	해당 지식과 기술을 확실하게 습득하여 직무수행에 필요한 기술적 사고력과 문제 해결력을 토대로 주도적으로 완벽한 작업을 수행할 수 있다.	
	4.	해당 지식과 기술을 습득하여 직무수행에 필요한 기술적 사고력과 문제 해결력을 토대로 작업을 수행할 수 있다.	
	3.	해당 지식과 기술을 대부분 습득하여 직무수행에 필요한 지식과 기술을 가지고 대부분의 작업을 수행할 수 있다.	
	2.	해당 지식과 기술을 부분적으로 습득하여 직무수행에 필요한 지식과 기술을 가지고 타인과 공동으로 작업을 수행할 수 있다.	
	1.	해당 지식과 기술을 습득하는데 부족함이 있어 타인의 도움을 받아야만 작업을 수행할 수 있다.	
	평가자는 학습자의 달성 정도를 성취 수준에 표시한다.		

평가 영역 (단원명)	수 행 준 거	예	아니오
1502010406_16v4.1 CNC 밀링 (머시닝센터) 가공 프로그램 작성 준비하기	1.1 작업도면에 준하여 CNC 밀링(머시닝센터) 기계의 사양을 확인하고 가공 가능한 기계를 선택할 수 있다.		
	1.2 작업공정에 알맞은 CNC 밀링(머시닝센터) 공구를 선택하고 작업공정을 순서대로 시트에 작성할 수 있다.		
	1.3 작업공정에 준하여 재료와 사용 공구의 조건에 따라 각 공정별 절삭 조건을 설정할 수 있다.		
	1.4 도면 사양에 부합되는 부품을 제작하기 위하여 관련 기술 자료를 참고할 수 있다.		

1502010406_16v4.2 CNC 밀링 (머시닝센터) 가공 프로그램 작성하기	2.1 작성된 시트의 작업공정을 보고 윤곽가공 CNC밀링(머시닝센터) 가공 프로그램을 준비 기능과 보조 기능을 사용하여 수동으로 작성할 수 있다.		
	2.2 프로그램 작성 시 공구 회전수, 이송 속도, 절삭공구의 절입깊이, 재료 물림량 등의 절삭 조건을 참고하여 절삭 조건을 결정할 수 있다.		
	2.3 가공 형상에 적합한 CNC 밀링(머시닝센터) 공구를 선택하고 결정된 절삭 조건으로 공구 경로를 결정하면서 공정 순서대로 프로그램을 작성할 수 있다.		
1502010406_16v4.3 CNC밀링 (머시닝센터) 가공 프로그램 확인하기	3.1 작성된 CNC 프로그램을 컨트롤러 또는 컴퓨터에 입력할 수 있다.		
	3.2 입력된 CNC 프로그램을 CNC 밀링(머시닝센터) 또는 컴퓨터에서 그래픽으로 공구 경로의 이상 유무를 확인할 수 있다.		
	3.3 프로그램 알람 발생 시 알람 조치와 잘못된 공구 경로의 프로그램을 수정할 수 있다.		

교과목명				
2D CAD				
대상 직종	교과 구분	교육 훈련 시간		교수명
컴퓨터 응용기계	NCS 전공교과 (직종 공통)	70		
1. 지도 목표		2. 교재(학습 모듈)		
CAD 시작 대화상자를 열어 명령을 실행하고 보조 명령어로 캐드 프로그램을 사용자 환경에 맞게 설정하여 도면 작도에 필요한 부가 명령을 설정하고 도면 영역을 지정하여 출력하고 데이터를 관리할 수 있다.		• 2D 도면 작업		
3. 주요 교수계획				

연번	능력단위 분류번호 능력단위	교육 훈련 시간	능력단위 요소명	교육 훈련 시간	훈련 시설	비고
1	1501020111_16v3 2D 도면 작업	70	작업 환경 준비하기	20	컴퓨터실	
			도면 작성하기	50	컴퓨터실	

수 행 평 가 서

학습자명: (반, 번)	평가자명(교수자):	평가 일시	
교과명: 2D CAD	1501020111_16v3 2D 도면 작업	1차: 2021년 월 일	
		2차:	
		3차:	
평가 방법: 본 평가는 단계별 자기평가의 학습과정이 완료된 학습자에 대하여 평가를 합니다. 학습을 위한 준비에서부터 실습의 완료 후 동작 확인까지 아래 사항의 수행 기준에 근거하여 학습자를 평가하여야 합니다. (본 능력단위의 평가 방법 등을 안내하여 학습자로 하여금 학습 준비를 할 수 있도록 함)	전체 평가(고정 내용으로서 임의 변경 불가)		
	성취 수준	수행 정도	
		5. 해당 지식과 기술을 확실하게 습득하여 직무수행에 필요한 기술적 사고력과 문제 해결력을 토대로 주도적으로 완벽한 작업을 수행할 수 있다.	
		4. 해당 지식과 기술을 습득하여 직무수행에 필요한 기술적 사고력과 문제 해결력을 토대로 작업을 수행할 수 있다.	
		3. 해당 지식과 기술을 대부분 습득하여 직무수행에 필요한 지식과 기술을 가지고 대부분의 작업을 수행할 수 있다.	
		2. 해당 지식과 기술을 부분적으로 습득하여 직무수행에 필요한 지식과 기술을 가지고 타인과 공동으로 작업을 수행할 수 있다.	
		1. 해당 지식과 기술을 습득하는데 부족함이 있어 타인의 도움을 받아야만 작업을 수행할 수 있다.	
	평가자는 학습자의 달성 정도를 성취 수준에 표시한다.		

평가 영역 (단원명)	수 행 준 거	예	아니오
1501020111_16v3.1 작업 환경 준비하기	1.1 보조 명령어를 이용하여 CAD 프로그램을 사용자 환경에 맞게 설정할 수 있다.		
	1.2 도면작도에 필요한 부가 명령을 설정할 수 있다.		
	1.3 도면 영역의 크기를 설정하고 작도를 제한할 수 있다.		
	1.4 선의 종류와 용도에 따라 도면층을 설정할 수 있다.		
	1.5 작업 환경에 적합한 템플릿을 제작하여 도면의 형식을 균일화 시킬 수 있다.		

1501020111_16v3.2 도면 작성하기	2.1 정확한 치수로 작도하기 위하여 좌표계를 활용할 수 있다.		
	2.2 도면 요소를 선택하여 작도, 지우기, 복구를 수행할 수 있다.		
	2.3 도형작도 명령을 이용하여 여러 가지 도면 요소들을 작도 및 수정할 수 있다.		
	2.4 도면 요소를 복사, 이동, 스케일, 다중 배열 등 편집하고 변환할 수 있다.		
	2.5 선분을 분할하고 도면 요소를 조회하여 활용할 수 있다.		
	2.6 자주 사용되는 도면 요소를 블록화하여 사용할 수 있다.		
	2.7 관련 산업표준을 준수하여 도면을 작도할 수 있다.		
	2.8 요구되는 형상에 대하여 파악하고, 이를 2D CAD 프로그램의 기능을 이용하여 작도할 수 있다.		
	2.9 요구되는 형상과 비교·검토하여 오류를 확인하고, 발견되는 오류를 즉시 수정할 수 있다.		

교과목명			
3D CAD			
대상 직종	교과 구분	교육 훈련 시간	교수명
컴퓨터 응용기계	NCS 전공 교과 (직종 공통)	60	

1. 지도 목표	2. 교재(학습모듈)
CAD 프로그램을 활용하여 3D CAD 사용 환경, 명령어 등을 설정할 수 있고, 제도 규칙에 따른 3D 형상을 모델링하며, 각각의 3D 형상 단품의 조립 과정을 통해 형상 설계 오류를 사전에 검증하고 수정하여, 제작 전 형상에 관한 정보를 도출하고 2D 도면을 출력할 수 있다.	• 3D 형상 모델링

3. 주요 교수계획

연번	능력단위 분류번호 능력단위	교육 훈련 시간	능력단위 요소명	교육 훈련 시간	훈련시설	비고
1	1501020113_16v3 3D 형상 모델링 작업	60	3D 형상 모델링 작업 준비하기	20	컴퓨터실	
			3D 형상 모델링 작업하기	40	컴퓨터실	

수 행 평 가 서

학습자명: (O 반, O 번)	평가자명(교수자):	평가 일시	
교과명: 3D CAD	1501020113_16v3 3D 형상 모델링 작업	1차: 2021년 월 일	
		2차:	
		3차:	
평가 방법: 본 평가는 단계별 자기평가의 학습과정이 완료된 학습자에 대하여 평가를 합니다. 학습을 위한 준비에서부터 실습의 완료 후 동작 확인까지 아래 사항의 수행 기준에 근거하여 학습자를 평가하여야 합니다. (본 능력단위의 평가 방법 등을 안내하여 학습자로 하여금 학습 준비를 할 수 있도록 함)	전체 평가(고정 내용으로서 임의 변경 불가)		
	성취 수준	수행 정도	
		5. 해당 지식과 기술을 확실하게 습득하여 직무수행에 필요한 기술적 사고력과 문제 해결력을 토대로 주도적으로 완벽한 작업을 수행할 수 있다.	
		4. 해당 지식과 기술을 습득하여 직무수행에 필요한 기술적 사고력과 문제 해결력을 토대로 작업을 수행할 수 있다.	
		3. 해당 지식과 기술을 대부분 습득하여 직무수행에 필요한 지식과 기술을 가지고 대부분의 작업을 수행할 수 있다.	
		2. 해당 지식과 기술을 부분적으로 습득하여 직무수행에 필요한 지식과 기술을 가지고 타인과 공동으로 작업을 수행할 수 있다.	
		1. 해당 지식과 기술을 습득하는데 부족함이 있어 타인의 도움을 받아야만 작업을 수행할 수 있다.	
	평가자는 학습자의 달성 정도를 성취 수준에 표시한다.		

평가 영역 (단원명)	수 행 준 거	예	아니오
1501020113_16v3.1 3D 형상 모델링 작업 준비하기	1.1 명령어를 이용하여 3D CAD 프로그램을 사용자 환경에 맞도록 설정할 수 있다.		
	1.2 3D 형상 모델링에 필요한 부가 명령을 설정할 수 있다.		
	1.3 작업 환경에 적합한 템플릿을 제작하여 도면의 형식을 균일화시킬 수 있다.		

1501020113_16v3.2 3D 형상 모델링 작업하기	2.1 KS 및 ISO 등 관련 규격을 준수하여 형상을 모델링 할 수 있다.
	2.2 스케치 도구를 이용하여 디자인을 형상화할 수 있다.
	2.3 디자인에 치수를 기입하여 치수에 맞게 형상을 수정할 수 있다.
	2.4 기하학적 형상을 구속하여 원하는 형상을 유지시키거나 선택되는 요소에 다양한 구속 조건을 설정할 수 있다.
	2.5 특징 형상 설계를 이용하여 요구되는 3D 형상 모델링을 완성할 수 있다.
	2.6 연관 복사 기능을 이용하여 원하는 형상으로 편집하고 변환할 수 있다.
	2.7 요구되는 형상과 비교, 검토하여 오류를 확인하고 발견되는 오류를 수정할 수 있다.

교과목명				
CAM				
대상 직종	교과 구분	교육 훈련 시간		교수명
컴퓨터 응용기계	NCS 전공 교과 (직종 공통)	60		
1. 지도 목표			**2. 교재(학습모듈)**	
기계설계 작업에서 설계 사양과 구성 요소를 확인하여, 도면을 생성 및 모델링 프로그램을 사용하여 단순 형상의 모델링 데이터를 생성하고, 작성된 도면에 준하여 2D, 3D CAD 데이터를 확인하고, 단순한 형상의 3D 데이터를 생성할 수 있다.			• CNC 밀링(머시닝센터) 가공 CAM 프로그래밍	

3. 주요 교수계획

연번	능력단위 분류번호 능력단위	교육훈련 시간	능력단위 요소명	교육 훈련 시간	훈련시설	비고
1	1502010408_16v4 CNC 밀링(머시닝센터) 가공 CAM 프로그래밍	60	CNC 밀링 (머시닝센터) 가공 프로그램 작성 준비하기	10	머시닝 센터실	
			CNC 밀링 (머시닝센터) 가공 프로그램 작성하기	40	머시닝 센터실	
			CNC밀링 (머시닝센터) 가공 프로그램 확인하기	10	머시닝 센터실	

수 행 평 가 서

학습자명: (반, 번)	평가자명(교수자):	평가 일시	
교과명: CAM	1502010408_16v4 CNC 밀링(머시닝센터) 가공 CAM 프로그래밍	1차: 2021년 월 일	
		2차:	
		3차:	
평가 방법: 본 평가는 단계별 자기평가의 학습과정이 완료된 학습자에 대하여 평가를 합니다. 학습을 위한 준비에서부터 실습의 완료 후 동작 확인까지 아래 사항의 수행 기준에 근거하여 학습자를 평가하여야 합니다. (본 능력단위의 평가 방법 등을 안내하여 학습자로 하여금 학습 준비를 할 수 있도록 함)	전체 평가(고정 내용으로서 임의 변경 불가)		
	성취 수준	수행 정도	
		5. 해당 지식과 기술을 확실하게 습득하여 직무수행에 필요한 기술적 사고력과 문제 해결력을 토대로 주도적으로 완벽한 작업을 수행할 수 있다.	
		4. 해당 지식과 기술을 습득하여 직무수행에 필요한 기술적 사고력과 문제 해결력을 토대로 작업을 수행할 수 있다.	
		3. 해당 지식과 기술을 대부분 습득하여 직무수행에 필요한 지식과 기술을 가지고 대부분의 작업을 수행할 수 있다.	
		2. 해당 지식과 기술을 부분적으로 습득하여 직무수행에 필요한 지식과 기술을 가지고 타인과 공동으로 작업을 수행할 수 있다.	
		1. 해당 지식과 기술을 습득하는데 부족함이 있어 타인의 도움을 받아야만 작업을 수행할 수 있다.	
	평가자는 학습자의 달성 정도를 성취 수준에 표시한다.		

평가 영역 (단원명)	수행 준거	예	아니오
1502010408_16v4.1 CNC 밀링 (머시닝센터) 가공 프로그램 작성 준비하기	1.1 작업 도면에 준하여 CNC 밀링(머시닝센터)의 사양을 확인하고 가공 가능한 기계를 선택할 수 있다.		
	1.2 작업 공정에 알맞은 CNC 밀링(머시닝센터) 공구를 선택하고 작업 공정을 순서대로 작업지시서에 작성할 수 있다.		
	1.3 작업공정에 준하여 재료와 사용 공구의 조건에 따라 각 공정별 절삭 조건을 설정할 수 있다.		
	1.4 도면 사양에 부합되는 부품을 제작하기 위하여 관련 기술 자료를 참고할 수 있다.		

1502010408_16v4.2 CNC 밀링 (머시닝센터) 가공 프로그램 작성하기	2.1 모델링 데이터를 불러와서 가공 데이터를 생성하기 위한 수정 편집을 수행할 수 있다.	
	2.2 작업지시서에 따라 CNC 밀링(머시닝센터) 공구를 선택하고 결정된 가공 조건으로 공구 경로를 결정하고 공정 순서대로 프로그램을 작성할 수 있다.	
	2.3 가공 데이터 생성 시 공작물 가공 원점, 공작물 회전수, 공구 이송 속도, 절삭공구의 절입깊이, 재료 물림량 등의 가공 조건을 참고하여 결정할 수 있다.	
	2.4 작성된 작업지시서의 작업 공정을 보고 CAM 시스템을 사용하여 CNC 밀링(머시닝센터) 가공 데이터를 생성할 수 있다.	
1502010408_16v4.3 CNC 밀링 (머시닝센터) 가공 프로그램 확인하기	3.1 CAM 시스템에서 시뮬레이션 기능을 활용하여 공구 경로의 이상 유무를 확인할 수 있다.	
	3.2 프로그램 이상이 확인되면 잘못된 가공 데이터를 수정할 수 있다.	

교과목명			
도면 해독과 CAM			
대상 직종	교과 구분	교육 훈련 시간	교수명
컴퓨터 응용기계	NCS 전공교과 (특화 전공)	70	

1. 지도 목표

- 기계가공 작업에 있어서 전체적인 조립 관계를 고려하여 작업 계획을 수립하고 작업도구 사용을 결정하기 위한 도면을 해독할 수 있다.
- CNC 선반 가공 CAM 프로그래밍에서 도면을 보고 작업 공정을 설정하고 CAM 시스템에서 CNC 선반 가공 프로그램을 작성할 수 있다.

2. 교재(학습 모듈)

- 도면 해독(학습 모듈)
- CNC 선반 가공 CAM 프로그래밍(학습 모듈)

3. 주요 교수계획

연번	능력단위 분류번호 능력단위	교육 훈련 시간	능력단위 요소명	교육 훈련 시간	훈련 시설	비고
1	1502010402_14v2 도면 해독	40	도면 결정하기	10	CAD/CAM실	
			도면 해독하기	20	CAD/CAM실	
			원가 산정하기	10	CAD/CAM실	
	1502010407_18v5 CNC선 반 가공 CAM 프로그래밍 10	30	CNC 선반 가공 CAM 프로그램 작성 준비하기	6	CAD/CAM실	
			CNC 선반 가공 CAM 프로그램 작성하기	20	CAD/CAM실	
			CNC 선반 가공 CAM 프로그램 확인하기	4	CAD/CAM실	

수 행 평 가 서

학습자명: (반, 번)	평가자명(교수자):	평가 일시	
교과명: 도면해독과 CAM	- 1502010402_14v2 도면해독	1차: 2021년 월 일	
		2차:	
		3차:	
평가 방법: 본 평가는 단계별 자기평가의 학습과정이 완료된 학습자에 대하여 평가를 합니다. 학습을 위한 준비에서부터 실습의 완료 후 동작 확인까지 아래 사항의 수행 기준에 근거하여 학습자를 평가하여야 합니다. *(본 능력단위의 평가 방법 등을 안내하여 학습자로 하여금 학습 준비를 할 수 있도록 함)*	전체 평가*(고정 내용으로서 임의 변경 불가)*		
	성취 수준	수행정도	
		5. 해당 지식과 기술을 확실하게 습득하여 직무수행에 필요한 기술적 사고력과 문제 해결력을 토대로 주도적으로 완벽한 작업을 수행할 수 있다.	
		4. 해당 지식과 기술을 습득하여 직무수행에 필요한 기술적 사고력과 문제 해결력을 토대로 작업을 수행할 수 있다.	
		3. 해당 지식과 기술을 대부분 습득하여 직무수행에 필요한 지식과 기술을 가지고 대부분의 작업을 수행할 수 있다.	
		2. 해당 지식과 기술을 부분적으로 습득하여 직무수행에 필요한 지식과 기술을 가지고 타인과 공동으로 작업을 수행할 수 있다.	
		1. 해당 지식과 기술을 습득하는데 부족함이 있어 타인의 도움을 받아야만 작업을 수행할 수 있다.	
	평가자는 학습자의 달성 정도를 성취 수준에 표시한다.		

평가 영역 (단원명)	수행준거	예	아니오
1502010402_14v2.1 도면 결정하기	1.1 작업 요구사항에 적합한 도면을 공정별로 분류할 수 있다.		
	1.2 해당 도면을 해독하기 위해 필요한 자료를 결정하고 수집할 수 있다.		
	1.3 해당 도면의 개정(version), 설계 변경사항을 확인할 수 있다.		

1502010402_14v2.2 도면 해독하기	2.1 부품의 전체적인 조립 관계와 각 부품별 조립 관계를 파악할 수 있다.		
	2.2 도면에서 해당 부품의 주요 가공 부위를 선정하고, 주요 가공 치수를 결정할 수 있다.		
	2.3 가공 공차에 대한 가공 정밀도를 파악하고 그에 맞는 가공 설비·치 공구를 결정하고 공정별로 설비를 분류 결정할 수 있다.		
	2.4 도면에서 해당 부품에 대한 특이사항을 정의하고 작업에 반영하여 방법을 결정할 수 있다.		
	2.5 도면에서 해당 부품에 대한 재질 특성을 파악하여 가공 가능성을 결정할 수 있다.		
	2.6 도면을 보고 가공 시간을 산정하고, 완성 시 예상되는 작업 결과를 파악할 수 있다.		
1502010402_14v2.3 원가 산정하기	3.1 원가 산정에 필요한 모든 조건을 고려하여 제조의 원가를 확인할 수 있다.		
	3.2 사용자의 요구사항이 원가에 반영되었는지를 확인 할 수 있다.		
	3.3 단품의 원가를 항목별로 정리할 수 있다.		
	3.4 원가 변동에 대한 요인을 모두 반영할 수 있다.		
	3.5 실패 비용 발생 부분을 원가에 반영할 수 있다.		
	3.6 효율적인 원가 절감 방안을 모색할 수 있다.		
	3.7 산정된 원가의 역계산을 통하여 오류 없음을 검증할 수 있다.		
	3.8 원가계산 과정 완료 후, 사내 규정에 의하여 문서화하고, 이를 관련 부서에 전달할 수 있다.		

수 행 평 가 서

학습자명: (반, 번)	평가자명(교수자):	평가 일시	
교과명: 도면 해독과 CAM	- 1502010407_18v5 CNC 선반 가공 CAM 프로그래밍	1차: 2021년 월 일	
		2차:	
		3차:	
평가 방법: 본 평가는 단계별 자기평가의 학습과정이 완료된 학습자에 대하여 평가를 합니다. 학습을 위한 준비에서부터 실습의 완료 후 동작 확인까지 아래 사항의 수행 기준에 근거하여 학습자를 평가하여야 합니다. (본 능력단위의 평가 방법 등을 안내하여 학습자로 하여금 학습 준비를 할 수 있도록 함)	전체 평가(고정 내용으로서 임의 변경 불가)		
	성취 수준	수행 정도	
		5. 해당 지식과 기술을 확실하게 습득하여 직무수행에 필요한 기술적 사고력과 문제 해결력을 토대로 주도적으로 완벽한 작업을 수행할 수 있다.	
		4. 해당 지식과 기술을 습득하여 직무수행에 필요한 기술적 사고력과 문제 해결력을 토대로 작업을 수행할 수 있다.	
		3. 해당 지식과 기술을 대부분 습득하여 직무수행에 필요한 지식과 기술을 가지고 대부분의 작업을 수행할 수 있다.	
		2. 해당 지식과 기술을 부분적으로 습득하여 직무수행에 필요한 지식과 기술을 가지고 타인과 공동으로 작업을 수행할 수 있다.	
		1. 해당 지식과 기술을 습득하는데 부족함이 있어 타인의 도움을 받아야만 작업을 수행할 수 있다.	
	평가자는 학습자의 달성 정도를 성취 수준에 표시한다.		

평가 영역 (단원명)	수행 준거	예	아니오
1502010407_18v5.1 CNC 선반 가공 CAM 프로그램 작성 준비하기	1.1 작업 도면에 준하여 CNC 선반의 사양을 확인하고 가공 가능한 기계를 선택할 수 있다.		
	1.2 작업 공정에 알맞은 CNC 선반 공구를 선택하고 작업 공정을 순서대로 작업표준서에 작성할 수 있다.		
	1.3 작업 공정에 준하여 재료와 사용 공구의 조건에 따라 각 공정별 절삭 조건을 설정할 수 있다.		
	1.4 도면 사양에 부합되는 부품을 제작하기 위하여 관련 기술 자료를 참고할 수 있다.		

1502010407_18v5.2 CNC 선반 가공 CAM 프로그램 작성하기	2.1 모델링 데이터를 불러와서 가공 데이터를 생성하기 위한 수정·편집을 수행할 수 있다.		
	2.2 작업표준서에 따라 CNC 선반 공구를 선택하고 결정된 가공 조건으로 공구 경로를 결정하고 공정 순서대로 프로그램을 작성할 수 있다.		
	2.3 가공 데이터 생성 시 공작물 가공 원점, 공작물 회전수, 공구 이송 속도, 절삭 공구의 절입 깊이, 재료 물림량 등의 가공 조건을 참고하여 결정할 수 있다.		
	2.4 작성된 작업표준서의 작업 공정을 보고 CAM 시스템을 사용하여 CNC 선반 가공 데이터를 생성할 수 있다.		
1502010407_18v5.3 CNC선 반 가공 CAM 프로그램 확인하기	3.1 CAM 시스템에서 시뮬레이션 기능을 활용하여 공구 경로의 이상 유무를 확인할 수 있다.		
	3.2 프로그램 이상이 확인되면 잘못된 가공 데이터를 수정할 수 있다.		
	3.3 작업 공정 순서에 따라 작업표준서를 검토할 수 있다.		

3. 비 NCS 교과(이론)

교과목명				
참人폴리텍(직업 기초 능력)				
대상 직종	교과 구분	교육 훈련 시간	교수명	
컴퓨터응용기계	비 NCS 소양	20		
1. 지도 목표		2. 교재		
• 긍정적 마인드, 자발적인 태도 변화, 자신의 미래 목표 설정으로 자신감을 갖고 보람찬 학교생활을 할 수 있는 참 폴리텍인이 된다.		• 직업 기초 능력(한국산업인력공단)		
3. 주요 교수계획				
연번	능력단위 분류번호 / 교육 훈련 내용	교육 훈련 시간	훈련 시설	비 고
1	자아 인식 능력(1) / 생각 바꾸기	1	강의실	
2	자아 인식 능력(2) / 자아 이해	1	강의실	
3	자아 인식 능력(3) / 자아 이해	1	강의실	
4	자아 인식 능력(4) / 자아 특성	1	강의실	
5	자아 인식 능력(5) / 자아 특성	1	강의실	
6	자아 인식 능력(6) / 폴리텍인의 자긍심	1	강의실	
7	자기 개발 능력(1) / 사명	1	강의실	
8	자기 개발 능력(2) / 꿈 찾기	1	강의실	
9	자기 개발 능력(3) / 비전 만들기	1	강의실	
10	자기 개발 능력(4) / 사명과 비전 선포	1	강의실	
11	리더십 능력(1) / 리더십	1	강의실	
12	리더십 능력(2) / 선택과 책임	1	강의실	
13	팀워크 능력(1) / 팀	1	강의실	
14	팀워크 능력(2) / 팀	1	강의실	
15	팀웍 능력(3) / 시너지	1	강의실	
16	팀워크 능력(4) / 시너지	1	강의실	
17	시간 관리 능력(1) / 시간 자원	1	강의실	
18	시간 관리 능력(2) / 시간 활용계획 수립	1	강의실	
19	시간 관리 능력(3) / 플래너 쓰기	1	강의실	
20	시간 관리 능력(4) / 참 폴리텍인 되기	1	강의실	

교과목명			
건강과 능력 개발			
대상 직종	교과 구분	교육 훈련 시간	교수명
컴퓨터 응용기계	비 NCS 교과 (이론)	30	

1. 지도 목표

건강 증진과 신체의 균형적인 발달을 도모하고 예비 직업인으로서 갖추어야 할 덕목과 강인한 체력을 기른다.

2. 교재

- 건강과 능력 개발(한국폴리텍대학)

3. 주요 교수계획

연번	주요 구성 내용	교육 훈련 시간	훈련 시설	비고
1	건강과 직장인 (건강의 개념)	1	교양강의실	
2	〃 (운동의 원리. 방법)	1	교양강의실	
3	〃 (스트레스의 원인. 해소)	1	교양강의실	
4	양성 평등 (양성 평등 개론)	2	교양강의실	
5	〃 (국내외 양성 평등 고찰)	2	교양강의실	
6	〃 (양성 평등을 위한 성적 인지)	2	교양강의실	
7	축구 경기 (이론 및 기초 실습)	1	운동장	
8	〃 (경기 실제)	2	운동장	
9	〃 〃	2	운동장	
10	〃 〃	2	운동장	
11	〃 〃	2	운동장	
12	〃 〃	2	운동장	
13	〃 (축구 경기와 리더쉽)	1	운동장	
14	〃 (축구 경기와 문제 해결 능력)	1	운동장	
15	소프트볼 경기 (이론 및 기초 실습)	1	운동장	
16	〃 (이론 및 기초 실습)	1	운동장	
17	〃 〃	1	운동장	
18	〃 〃	1	운동장	
19	〃 (소프트볼 경기와 리더쉽)	2	운동장	
20	〃 (소프트볼 경기와 문제 해결 능력)	2	운동장	

4. 비 NCS 교과(실습)

교과목명				
소프트웨어 활용 및 코딩				
대상 직종	교과 구분	교육 훈련 시간	교수명	
컴퓨터응용기계	비 NCS 교과 (특화 전공)	40		
1. 지도 목표		2. 교재		
• CAM 환경 구성을 이해하고 스케치 작성 및 수정 편집 작업을 통해 도면 작성 응용 능력을 향상시킬 수 있고, 3D 형상을 모델링하고 검증을 통해 가공 데이터를 출력할 수 있다.		• UG NX 모델링 실기 • UG NX CAM 실기		

3. 주요 교수계획

연번	주요 구성 내용	교육 훈련 시간	훈련 시설	비고
1	CAM 환경 구성	5	CAD/CAM	
2	스케치 작성하기	10	CAD/CAM	
3	3차원 모델링 작성하기	20	CAD/CAM	
4	가공 시뮬레이션 검증 및 데이터 추출	5	CAD/CAM	

교과목명				
프로젝트 실습				
대상 직종	교과 구분	교육 훈련 시간		교수명
컴퓨터 응용기계	비 NCS 교과 (특화 전공 실습)	160		

1. 지도 목표

- 전공 교과목의 교육을 통하여 익힌 관련 지식과 기능을 바탕으로 과제를 선정 제작함으로써 창의력 개발과 성취감을 고취시키는 데 있다.

2. 교재

- 기계조립가공실기

3. 주요 교수계획

연번	주요 구성 내용	교육 훈련 시간	훈련 시설	비고
1	팀 구성 및 목표 설정	8	기계공작실	
2	과제 선정	8	기계공작실	
3	계획서 작성	12	기계공작실	
4	공정계획 수립 및 토론	12	기계공작실	
5	과제 소요재료 산출	8	기계공작실	
6	작품 제작	80	기계공작실	
7	시연 및 디버깅	22	기계공작실	
8	평가(전시)	10	기계공작실	

교과목명			
정밀가공 실습			
대상 직종	교과 구분	교육 훈련 시간(학점)	교수명
컴퓨터 응용기계	비 NCS 교과 (특화 전공 실습)	160	

1. 지도 목표

장비를 활용하여 종합적으로 기계의 절삭 조건, 공구 선정, 장비 작동 능력 및 가공 능력을 향상할 수 있다.

2. 교재

- 자체 교재

3. 주요 교수계획

연번	주요 구성 내용	교육 훈련 시간	훈련 시설	비 고
1	수공구 사용 안전교육	12	기계공작실	
2	조립작업 안전교육	12	기계공작실	
3	정밀부품 가공하기	96	기계공작실	
4	정밀부품 조립하기	28	기계공작실	
5	기계부품 기능 확인하기	12	기계공작실	

3.1 강의자료 개발을 위한 교육훈련 운영계획서 내용 분석

교과목명				
문제 원형 실습				
대상 직종	교과 구분	교육 훈련 시간		교수명
컴퓨터 응용기계	비 NCS 교과 (특화 전공 실습)	80		
1. 지도 목표		2. 교재		
• 컴퓨터 응용기계 실무에 부족한 부분을 해결하기 위한 과제를 중점적으로 반복 학습함으로써 과정평가형 문제 해결 능력을 기른다.		• 교수용 자료		
3. 주요 교수계획				
연번	주요 구성 내용	교육 훈련 시간	훈련 시설	비 고
1	머시닝센터 가공 문제 원형 실무	40	CNC 공작 기계실	
2	CNC 선반가공 문제 원형 실무	40	CNC 공작 기계실	

교과목명			
3D 프린터 제작 및 활용			
대상 직종	교과 구분	교육 훈련 시간(학점)	교수명
컴퓨터 응용기계	비 NCS 교과 (특화 전공실습)	160	

1. 지도 목표	2. 교재
3D 프린터기를 직접 조립하고, 3D 프린터의 작동 원리와 시제품 제작 및 작품에 활용할 수 있다.	• 자체 교재

3. 주요 교수계획

연번	주요 구성 내용	교육 훈련 시간	훈련 시설	비 고
1	3D 프린팅의 이해	20	컴퓨터실	
2	3D 모델링 활용	40	컴퓨터실	
3	3D 프린터 구조의 이해 및 조립	20	컴퓨터실	
4	3D 프린팅 실습	80	컴퓨터실	

3.2 강의자료 개발을 위한 능력단위 내용 분석

1) 강의자료 개발을 위한 능력단위 내용 분석

 강의자료를 개발하기 위해서 가장 먼저 교과목에 편성된 능력단위와 해당 학습 모듈의 세부 내용을 분석하여 강의계획서, 워크북, 프로젝트 운영자료 등과 연계하여 개발하는 것이 중요하다.
 NCS 능력단위는 현장의 전문가가 현장의 직무를 국가 차원에서 표준화한 것으로 능력단위를 통해 현장의 직무수행 능력을 갖추기 위하여 기존 교과목의 수업에서 적용했던 강의자료와는 완전히 다른 형태의 강의자료 개발이 필요하다.

(1) 능력단위 요소와 수행 준거 파악

① 능력단위 분류번호, 능력단위 명칭을 파악하여 강의자료의 명칭 등에 활용한다.
② 능력단위 정의를 파악하여 강의자료 개발에 목적 등에 활용할 수 있다.
③ 능력단위 요소와 수행 준거를 파악하여 강의자료의 단원 등과 평가 문항 개발 등에 활용할 수 있다.
④ 능력단위 요소의 【지식】, 【기술】, 【태도】 등을 파악하여 강의자료의 평가 문항 개발 등에 활용할 수 있다.

(2) 능력단위의 적용 범위 및 평가 지침 파악

① 능력단위의 적용 범위 및 작업 상황에서 고려사항과 자료 및 관련 서류, 장비 및 도구, 재료 등을 파악하여 강의자료의 장비 및 도구, 재료 목록 등에 활용할 수 있다.
② 평가 지침에서 평가 방법, 평가 시 고려사항 등을 파악하여 강의자료의 평가에 적용할 수 있다.

[평가 방법 예시]

평가 방법	평가 유형	
	과정 평가	결과 평가
A. 포트폴리오		√
B. 문제 해결 시나리오	√	
C. 서술형 시험		
D. 논술형 시험		
E. 사례 연구		
F. 평가자 질문		
G. 평가자 체크리스트		√
H. 피평가자 체크리스트		
I. 일지/저널	√	
J. 역할 연기		
K. 구두발표		
L. 작업장 평가		√
M. 기타		

③ 능력단위에 관련된 직업 기초 능력을 파악하여 강의자료 활용 등에 활용할 수 있다.

3.3 강의자료 개발을 위한 학습 모듈 내용 분석

1) 강의자료 개발을 위한 학습 모듈 내용 분석

(1) 학습 모듈의 분류 체계와 목차 파악

① 학습 모듈의 분류 체계를 파악하여 강의자료의 분류 체계에 활용할 수 있다.
② 학습 모듈의 차례를 파악하여 강의자료의 자료 구성에 적용할 수 있다.

(2) 학습 모듈의 학습 내용 파악

① 학습 모듈의 학습 단원과 학습 목표를 파악하여 강의자료의 단원과 단원에 대한 교육훈련 목적을 작성하는데 활용할 수 있다.
② 학습 모듈의 필요 지식과 수행 내용을 파악하여 강의자료의 평가 문항 개발 등에 활용할 수 있다.
③ 학습 모듈의 교수학습 방법을 파악하여 강의자료의 교수 방법과 학습 방법 등에 활용할 수 있다.
④ 학습 모듈의 평가 내용을 파악하여 강의자료의 평가 준거로 활용할 수 있다.

[학습 모듈의 평가 준거 예시]

학습 내용	학습 목표	성취 수준		
		상	중	하
CNC 밀링 (머시닝센터) 가공 CAM 프로그램 작성 준비	- 작업 도면에 준하여 CNC 밀링(머시닝센터)의 사양을 확인하고, 가공 가능한 기계를 선택할 수 있다			
	- 작업공정에 알맞은 CNC 밀링(머시닝센터) 공구를 선택하고, 작업공정을 순서대로 작업표준서에 작성할 수 있다			
	- 작업공정에 준하여 재료와 사용 공구의 조건에 따라 각 공정별 절삭 조건을 설정할 수 있다			
	- 도면 사양에 부합되는 부품을 제작하기 위하여 관련 기술자료를 참고할 수 있다			

[학습 모듈의 평가 방법 "포트폴리오" 평가 예시]

학습 내용	학습 목표	성취 수준		
		상	중	하
CNC 밀링 (머시닝센터) 가공 CAM 프로그램 작성 준비	- 실습장에 있는 모든 머시닝센터에 부착된 사양 파악여부			
	- 절삭공구의 종류 파악 및 목록 작성 여부			
	- 연강, 알루미늄 소재 절삭 조건 조사 여부			
	- KS 규격집 확인 방법 조사 여부			

3.4 프로젝트 운영자료 개발을 위한 분석

프로젝트 운영자료 개발을 위한 NCS 교과목의 능력단위와 학습 모듈을 분석하여 개발할 수 있다.

프로젝트 운영자료는 교수자가 해당 과정과 교과목을 분석하여 프로젝트 과제의 중요도와 난이도 활용도 등을 분석하여 과제의 수준과 난이도에 적합한 운영자료를 개발할 수 있다.

프로젝트 개요의 주요 사항은 해당하는 과정과 교과목, 능력단위 등을 비교 분석하여 작성할 수 있다.

프로젝트 개요의 선수 이론은 해당하는 교과목의 학습 모듈을 분석하여 작성할 수 있다.

프로젝트 개요의 작업 순서는 교수자가 프로젝트 과제를 선정한 후 작업 순서를 작성한 것으로 학습자가 참조하여 과제를 수행할 수 있도록 비교적 상세하게 작성하면 학습자들에게 도움이 된다.

평가표 작성과 단계별 작업 사항을 작성한 후 작업평가 도구 개발, 과제 평가서, 프로젝트 과제 결과 보고서(포트폴리오) 작성, 프로젝트 결과물 제출까지 운영자료를 개발할 수 있다.

일반적으로 프로젝트법에 의한 수업을 전개할 때 과제를 학습자 스스로 설정하고 교사는 학습자가 그 과제를 실행하도록 지원하는 역할을 한다고 안내하고 있으나, PBT에서는 학습자의 자주적 학습 능력 수준에 따라 각기 다르게 접근하기 때문에 과제 설정 시 교사의 역할이 매우 중요하다. 특히 신입생의 경우 프로젝트 기반 수업에 대한 이해도가 낮고 새로운 직무에 대한 교과목이 생소하여 과제를 선정하는 것은 현실적으로 어려움이 많다. 따라서 NCS 교과목의 능력단위 내용과 학습자의 연계성을 감안하여 교수자는 쉬운 것부터 어려운 순으로 난이도를 고려하고 가급적 일상생활에 활용이 가능한 과제 선정과 사전에 재료를 구매하는 등의 교수자 역할이 매우 중요하다고 할 수 있다.

직무 분야의 기초를 학습하는 단계에서, 학습자의 자기주도적 학습 역량 수준이 낮은 경우에는 학습자가 배워야 할 내용을 중심으로 교사가 프로젝트 과제를 부과하고, 점차 학습자의 과업 수행 및 프로젝트 관리 능력이 육성되면 과제 설정에 학습자를 참여시키며, 숙련도가 높아지면 학습자 스스로 과제를 설정하도록 지원한다.

이 과정에서 학습자는 과제를 파악하고 과제 수행에 필요한 정보의 수집, 과제 수행 과정의 계획, 수행 및 점검, 평가 등 다양한 활동을 체험하게 된다. 학습자가 주도적으로 과제를 수행하는 동안 교사는 지원자, 관찰자, 상담자 등의 기능을 수행한다. 과제는 아주 단순한 직무와 연관된 과업이나 부품의 조립부터 여러 가지 공정을 포함하는 복잡한 작업의 수행까지 다양한 형태로 부과될 수 있다. 학습자는 과제 수행의 결과를 공개적으로 발표하고 교수자 및 동료 등으로부터 피드백을 받으며 과업 수행 과정을 성찰하여 학습 결과를 정리한다.

NCS 교과목 강의자료 개발 실무

Chapter 04

강의자료 개발

Chapter 04 강의자료 개발

학습 목표

o 교수자용 주차별 강의계획서 개발 내용을 파악하여 설명할 수 있다.
o 학습자용 주차별 워크북 개발 내용을 파악하여 설명할 수 있다.
o 프로젝트 기반 수업을 위하여 과제를 선정하여 운영할 수 있도록 관련 내용을 개발하여 활용할 수 있다.

4.1 교수자를 위한 주차별 강의계획서 개발

1) 강의계획서 개요 작성

(1) 강의계획서 개요 작성을 위한 능력단위와 교육 훈련 일정 파악

파워포인트를 활용한 교수자를 위한 주차별 강의계획서를 작성하기 위하여 먼저 해당하는 능력단위의 내용을 분석한다.

예를 들어 머시닝센터 실습 교과목 8주차 수업이 2021년 5월 19일 오전 6시간 수업이라고 할 때 8주차에 해당하는 능력단위 요소와 수행 준거를 파악한다.

능력단위 명칭은 CNC 밀링(머시닝센터) 조작, 능력단위 요소명은 2. CNC밀링(머시닝센터) 조작하기를 작성할 수 있다.

8주차 학습 목표는 해당 수행 준거의 내용을 참고로 "~할 수 있다"로 작성할 수 있다.

관련 수행 준거는 해당 능력단위의 요소에 해당하는 2.4와 2.5의 수행 준거를 참고하여 작성할 수 있다(〈표 4-1〉 참조).

〈표 4-1〉 CNC 밀링(머시닝센터) 조작 능력단위("예시")

1502010405_18v3.2 CNC 밀링(머시닝센터) 조작하기	2.1 공작물 좌표계 설정을 할 수 있다. 2.2 작업공정에서 선정된 공구의 공구보정(Tool offset)을 할 수 있다. 2.3 CNC 프로그램을 수동으로 입력하거나 전송매체를 이용하여 CNC 밀링(머시닝센터)에서 안전하게 시제품을 가공할 수 있다. 2.4 가공 부품을 확인하고 공작물 좌표계 보정량 및 공구 보정량을 수정할 수 있다. 2.5 생산성을 높이기 위하여 절삭 조건 수정 및 프로그램을 수정할 수 있다. 2.6 공구의 수명주기나 손상을 확인하고 교체할 수 있다. 【지식】 • 공작물 좌표계의 설정에 대한 지식 • 공구 길이, 위치, 지름의 보정에 대한 지식 • 절삭유의 종류 및 특성에 대한 지식 • 절삭 조건에 대한 지식 • 절삭공구의 수명에 대한 지식 • 금속재료의 종류 및 특성에 대한 지식 • 공차의 종류 및 특성에 대한 지식 【기술】 • 장비 안전운전 기술 • CNC 밀링(머시닝센터) 조작 기술 • CNC 밀링(머시닝센터) 시운전 기술 • CNC 밀링(머시닝센터) 조작판의 각종 기능 활용 기술 【태도】 • CNC 밀링(머시닝센터) 기계 안전수칙 준수 의지 • 치밀성, 정확성

(2) 강의계획서 개요 작성

강의계획서 개요 작성을 위하여 〈표 3-1〉의 능력단위를 참조하여 개요를 작성하면 다음과 같다(〈표 4-2〉 참조).

〈표 4-2〉 강의계획서 개요 작성[CNC 밀링(머시닝센터) 조작("예시")]

수업 일자 (주차)	2020.5.19.(8주차) (예시)	교수자명	
수업 시간	4H	성취 수준	1, 2, 3, 4, 5
능력단위 명칭	CNC 밀링(머시닝센터) 조작	능력단위 요소명	2. CNC 밀링(머시닝센터) 조작하기
8 주차 학습목표	가공 부품을 확인하고 공작물 좌표계 보정량과 공구 보정량을 수정하여 절삭 조건과 프로그램을 수정하여 가공할 수 있다.		
관련 수행준거	2.1 공작물 좌표계 설정을 할 수 있다. 2.2 작업공정에서 선정된 공구의 공구 보정(Tool offset)을 할 수 있다. 2.3 CNC 프로그램을 수동으로 입력하거나 전송 매체를 이용하여 CNC 밀링(머시닝센터)에서 안전하게 시제품을 가공할 수 있다. 2.4 가공 부품을 확인하고 공작물 좌표계 보정량 및 공구 보정량을 수정할 수 있다. 2.5 생산성을 높이기 위하여 절삭 조건 수정 및 프로그램을 수정할 수 있다. 2.6 공구수명이 완료되었거나 손상된 공구를 확인하고 교체할 수 있다.		

2) 강의계획서 필요 지식과 실습 내용 작성

(1) 능력단위에 대한 학습 모듈 파악

필요 지식과 실습 내용 작성을 위하여 능력단위에 대한 학습 모듈을 분석하여 작성할 수 있다. 학습 모듈은 NCS 웹페이지 NCS/학습 모듈 검색을 이용하면 편리하다. 학습 모듈의 해당 학습 내용에 대한 자료를 분석하여 필요 지식과 실습 내용을 작성할 수 있다(〈표 4-3〉 참조).

〈표 4-3〉 CNC 밀링(머시닝센터) 조작 능력단위("예시")

필요
지식
	2. 프로그램 수정
	 가. 프로그램 입력 방법
	  (1) 수동 입력 방법
	   직접 조작판을 눌러 프로그램을 입력하는 방법이다. 간단한 프로그램은 직접 입력하여 가공 시간이 절약될 수 있는 장점이 있다. 복잡한 형상의 경우 시간이 오래 걸리는 단점이 있다.
	  (2) 메모리카드
	   컴퓨터로 입력 후 메모리카드에 저장하여 기계에 입력하는 방법이다.
	  (3) USB 메모리
	   컴퓨터의 보편화로 CNC 밀링(머시닝센터)에도 입력이 가능하다.
	  (4) RS232C 케이블
	   컴퓨터와 직접 연결하는 방식(DNC)으로 별도의 장치 없이 바로 전송이 가능하다.
	  (5) LAN(DATA SERVER)
	   LAN선을 이용 데이터서버로 NC 장치를 거치지 않고 프로그램을 입력 가공하는 방법이다. 대용량 프로그램도 문제없이 가공이 가능하고, 컴퓨터로 직접 기계에 명령할 수 있다.

실습 내용	1. NC 프로그램의 편집 - 편집 화면이 나오면 필요한 프로그램을 편집 및 입력한다. (편집 상태에서 전원을 OFF해도 이미 편집된 내용은 메모리에 기억되어 있다.) 2. 입력 프로그램 수정 이미 입력된 프로그램을 불러서 수정하고자 할 때에는 아래와 같은 방법으로 한다. - 조작방법: 프로그램 → 일람 → 원하는 프로그램 선택 → INPUT →BG → EDIT → 편집 → 조작 → BG 편집 종료 - 편집에는 두 가지 방법이 있다. FG(포그라운드), BG(백그라운드) 편집이 있다. 두 가지의 차이는 메인 프로그램이냐 아니냐의 차이다. 메인 프로그램을 편집을 하게 되면 FG라 하여 편집 후 종료가 필요 없다. 3. 불필요한 프로그램의 삭제 - 프로그램 버튼으로 일람 화면을 부른다. - 일람 화면에서 삭제하고자 하는 프로그램에 커서를 위치해 놓는다. - 조작 버튼을 누르고 삭제를 누른다. 다시 프로그램 번호를 확인하고 확실히 삭제해야 할 프로그램이라 판단되면 실행을 눌러 삭제한다.

3) 학습 문항 개발

(1) 학습 문항 개발을 위한 학습 모듈 파악

주차별 교수자 강의계획서에서 가장 중요한 부분은 자기주도적 학습 활동을 할 수 있도록 평가 문항을 다양하게 개발하여 활용하는 것이다.

평가 문항 개발은 해당 주차 학습 모듈 내용을 분석하여 개발할 수 있다.

(2) 학습 문항 개발

"CNC 밀링(머시닝센터) 조작" 학습 내용에 대한 평가 문항 개발 시 정답도 개발하여 향후 워크북의 평가 문항 채점 기준으로 활용할 수 있다(〈표 4-4〉 참조).

〈표 4-4〉 CNC 밀링(머시닝센터) 조작 평가 문항 개발("예시")

학습 활동에 대한 평가 문항 1	□ 질문1 : 다음 도면을 보고 프로그램 편집 방법을 설명하시오. [공구] 센터드릴(직경4) 드릴(직경 8) 엔드밀(평 2날 직경 10) [작업순서] 센터드릴 작업 드릴 작업 포켓 가공(G41사용) 외곽 가공(G41사용) [재료 : 연강] [정답] ① EDIT 모드에서 프로그램 번호를 입력하고 프로그램 시작되는 내용을 입력한 후 절삭가공 프로그램 내용을 입력한 후 프로그램을 종료한다.
평가 문항 2	: :
평가 문항 3	: :

4) 평가 방법과 실습 재료 목록 작성

(1) 평가 방법 작성

평가 방법은 능력단위 성취 수준 평정 근거로 활용하기도 한다. 평가 방법은 능력단위에서 제시하고 있는 평가 유형 중에 능력단위 평가에 적합한 유형을 선정하여 작성한다(〈표 4-5〉 참조).

〈표 4-5〉 평가 방법과 실습재료 및 소모품 개발("예시")

평가 방법	☐ 작성된 학습 내용이 실제 조작하는 순서대로 작성되었는지, 학습활동 사진과 학습 관찰 등을 확인하여 종합적으로 성취 수준을 평정한다. ☐ **평가 방법** : 선정한 평가 방법 작성 - 성취 수준 판정 근거 | 점수	평정 근거
5점	해당 지식과 기술을 확실하게 습득하여 직무 수행에 필요한 기술적 사고력과 문제 해결력을 토대로 주도적으로 완벽한 작업을 수행할 수 있다.
4점	해당 지식과 기술을 습득하여 직무 수행에 필요한 기술적 사고력과 문제 해결력을 토대로 작업을 수행할 수 있다.
3점	해당 지식과 기술을 대부분 습득하여 직무 수행에 필요한 지식과 기술을 가지고 대부분의 작업을 수행할 수 있다.
2점	해당 지식과 기술을 부분적으로 습득하여 직무 수행에 필요한 지식과 기술을 가지고 타인과 공동으로 작업을 수행할 수 있다.
1점	해당 지식과 기술을 습득하는 데 부족함이 있어 타인의 도움을 받아야만 작업을 수행할 수 있다.	
실습 재료 및 소모품	☐ 재　　료: 해당 주차에 실습재료 목록과 규격, 수량 작성 ☐ 공　　구 해당 주차에 실습 공구 목록과 규격, 수량 작성 ☐ 소모품 : 해당 주차 실습에 소요되는 소모품 작성
평가자 종합 의견	해당 교과목 교수자가 개인별 실습 내용을 보고 종합 의견 작성 후 피드백한다.

(2) 실습재료 및 소모품 작성

해당 주차 실습에 필요한 재료와 소모품 등을 작성하는 것으로 능력단위에서 제시하고 있는 "장비 및 도구" 내용을 참조하여 작성할 수 있다.

5) 수행평가서 작성

(1) 수행평가서 작성

수행평가서는 양식이 정해진 것으로 매 주차별로 수행 준거 학습이 완료된 학습자 개인별로 작성하는 것으로 학습자명, 평가자명, 평가 일시, 교과목명, 능력단위 명칭과 코드번호, 성취 수준, 수행 정도를 5단계로 구분하여 작성한다.

수행평가서의 평가 영역(단원명)은 능력단위 요소를 단원명으로 작성한다. 수행준거는 능력단위의 수행 준거를 작성하여 해당 주차에서 수업한 수행 준거를 수행할 수 있는지/없는지를 "예/아니오" 등으로 판정하는 것을 의미한다.

(2) 수행평가서 활용 방법

수행평가서는 양식은 어느 정도 정해져 통일된 폼을 활용하고 있다. 수행평가서의 평가 영역과 수행 준거의 내용 중에 이번 주차의 학습 내용에 해당하는 수행 준거의 학습자별로 수행 여부를 "예/아니오"로 판정한 것으로, 매 주차별 작성하여 마지막 수업에서 수행 여부가 최종 완성하는 것이 가장 이상적인 방법이라고 본다.

성취 수준 평정은 5단계로 구분하고 있으며, 가장 낮은 1은 직무수행 능력이 부족한 것으로 판정해 능력단위를 미이수한 것으로 판정한다. 능력단위 이수로 평정하는 2~5로 평정되었다면 전체 능력단위를 이수한 것으로 판정한다. 성취 수준 5는 가장 완벽하게 스스로 작업을 수행할 수 있는 단계이다. 성취 수준은 점수와 연계할 때 5단계로 평정한다. 5는 90~100점, 4는 80~89점, 3은 70~79점, 2는 60~69점, 1은 60점 이하일 때 1로 점수를 환산하여 성취 수준을 평정한다(〈표 4-6〉 참조).

〈표 4-6〉 수행평가서 작성 예시

수 행 평 가 서

학습자명: (O 반, O 번)	평가자명(교수자):	평가 일시	
	1502010405_14V2 CNC 밀링(머시닝센터) 조작	1차:	
교과명: 머시닝센터 실습		2차:	
		3차:	
평가 방법: 본 평가는 단계별 자기평가의 학습과정이 완료된 학습자에 대하여 평가를 합니다. 학습을 위한 준비에서부터 실습의 완료 후 동작 확인까지 아래 사항의 수행 기준에 근거하여 학습자를 평가하여야 합니다. (본 능력단위의 평가 방법 등을 안내하여 학습자로 하여금 학습 준비를 할 수 있도록 함)	전체평가(고정내용으로서 임의 변경 불가)		
	성취 수준	수행 정도	
	√	5. 해당 지식과 기술을 확실하게 습득하여 직무수행에 필요한 기술적 사고력과 문제 해결력을 토대로 주도적으로 완벽한 작업을 수행할 수 있다.	
		4. 해당 지식과 기술을 습득하여 직무수행에 필요한 기술적 사고력과 문제 해결력을 토대로 작업을 수행할 수 있다.	
		3. 해당 지식과 기술을 대부분 습득하여 직무수행에 필요한 지식과 기술을 가지고 대부분의 작업을 수행할 수 있다.	
		2. 해당 지식과 기술을 부분적으로 습득하여 직무수행에 필요한 지식과 기술을 가지고 타인과 공동으로 작업을 수행할 수 있다.	
		1. 해당 지식과 기술을 습득하는데 부족함이 있어 타인의 도움을 받아야만 작업을 수행할 수 있다.	
	평가자는 학습자의 달성 정도를 성취 수준에 표시한다.		

평가 영역 (단원명)	수 행 준 거	예	아니오
능력단위 요소 코드번호 (능력단위 요소명)	1.1	√	
	1.2	√	
	:		
	:		
	:		

4.2 학습자를 위한 주차별 워크북 개발

1) 워크북 개요 작성

파워포인트를 활용하여 학습자를 위한 주차별 워크북은 매 주차별 학습 내용 작성하여 제출하면 교수자는 학습 내용을 확인하여 학습자별 성취 수준을 평정하여 피드백하는 목적으로 활용되며, 워크북은 학습 도구이다.

(1) 워크북 개요 작성을 위한 능력단위와 교육 훈련 일정 파악

워크북의 개요를 작성하기 위하여 가장 먼저 해당하는 능력단위의 내용을 분석한다. 능력단위와 교과목의 수업 주차, 수행 준거 등을 활용하여 해당 주차의 수업 내용과 진도 등을 정확하게 확인하여 파악할 수 있다.

(2) 워크북 개요 작성

워크북의 개요는 교수자 강의계획서 개요 작성 방법과 유사하다. 해당 능력단위를 참조하여 교수자가 개요를 작성하여 학습자에게 배포한다(〈표 4-7〉 참조).

〈표 4-7〉 워크북 개요(CNC 밀링(머시닝센터) 조작 능력단위("예시"))

수업 일자 (주차)	2020.5.19(8주차)	학습자명		평가자	
수업 시간	4H			성취수준	1, 2, 3, 4, 5
능력단위 명칭 (코드번호)	해당 능력단위 명칭과 코드번호	능력단위 요소명	해당 능력단위 요소명		
학습목표	해당 주차 학습 목표는 해당 능력단위 요소의 수행준거 내용을 참조하여 학습 목표를 작성할 수 있다.				
관련 수행준거	해당 주차의 능력단위에서 제시한 수행 준거를 작성한다.				

2) 필요 지식과 실습 내용 작성

워크북의 필요 지식과 실습 내용은 학습자가 해당하는 능력단위에 대한 학습모듈을 파악하여 작성할 수 있도록 한다. 학습 모듈은 NCS 웹페이지 NCS/학습 모듈 검색 이용 방법을 교수자가 안내한다(〈표 4-8〉 참조).

〈표 4-8〉 필요 지식과 실습 내용 작성("예시")

필요 지식	학습자는 학습 모듈의 내용을 파악하여 필요 지식을 작성할 수 있다.
실습 내용	학습자는 학습 모듈의 내용을 파악하여 실습 내용을 작성할 수 있다.

3) 평가 문항 작성

주차별 학습자 워크북에서 가장 중요한 부분은 학습자가 자기주도적 학습 활동을 통해 평가 문항을 해결하는 것이다. 평가 문항을 작성하기 위해 학습 모듈의 내용을 참조하여 문제를 해결할 수 있는 능력을 갖추는 것은 매우 중요한 학습 활동이다(〈표 4-9〉 참조).

〈표 4-9〉 워크북 평가 문항 작성("예시")

학습 활동에 대한 평가 문항 1	□ 질문1: 다음 도면을 보고 프로그램 편집 방법을 설명하시오. [정답] 학습자 스스로 문제를 해결할 수 있도록 한다. 참고로 학습 모듈의 내용을 참고할 수 있다.
평가 문항 2	: :
평가 문항 3	: :

4) 학습 활동 사진 첨부

주차별 학습자 워크북에서 학습 활동에 대한 사진을 촬영하여 첨부하는 것으로 향후 주차별 워크북을 포트폴리오로 활용할 수 있다(〈표 4-10〉 참조).

〈표 4-10〉 워크북 학습 활동 사진 첨부("예시")

학습 활동 사진	- 학습 활동 사진 첨부 제목 : 제목 : 제목 :
평가 방법	☐ 작성된 학습 내용이 실제 조작하는 순서대로 작성되었는지, 학습활동 사진과 학습관찰 등을 확인하여 종합적으로 성취 수준을 평정한다. ☐ **평가 방법** : 선정한 평가 방법 작성 - 성취 수준 판정 근거 <table><tr><th>점수</th><th>평정 근거</th></tr><tr><td>5점</td><td>해당 지식과 기술을 확실하게 습득하여 직무 수행에 필요한 기술적 사고력과 문제 해결력을 토대로 주도적으로 완벽한 작업을 수행할 수 있다.</td></tr><tr><td>4점</td><td>해당 지식과 기술을 습득하여 직무 수행에 필요한 기술적 사고력과 문제 해결력을 토대로 작업을 수행할 수 있다.</td></tr><tr><td>3점</td><td>해당 지식과 기술을 대부분 습득하여 직무 수행에 필요한 지식과 기술을 가지고 대부분의 작업을 수행할 수 있다.</td></tr><tr><td>2점</td><td>해당 지식과 기술을 부분적으로 습득하여 직무 수행에 필요한 지식과 기술을 가지고 타인과 공동으로 작업을 수행할 수 있다.</td></tr><tr><td>1점</td><td>해당 지식과 기술을 습득하는데 부족함이 있어 타인의 도움을 받아야만 작업을 수행할 수 있다.</td></tr></table>
실습 재료 및 소모품	☐ 장비 공구 : 컴퓨터, CAD S/W, 문서 작성 S/W ☐ 재료 : KS, ISO 규격집, 컴퓨터 관련 S/W 매뉴얼, 문서 작성기
평가자 종합 의견	

4.3 능력단위 평가도구 개발

NCS 기반 교과목의 평가는 준거지향평가(절대평가) 방식으로 "무엇을 할 수 있는가?" 학습 목표 달성 여부, 수행준거평가로 학습자가 무엇을 수행할 수 있는지와 무엇을 얼마만큼 알고 행동할 수 있는가에 중점을 두어 평가 문항을 개발하는 것이 중요하다.

평가도구를 통해 평가하는 방법은 교과목의 능력단위별로 개발하여 교과목이 종료되는 시점에 평가하는 것으로 평가 일정 2주 전에 개발하여 학습자에게 평가 개요를 공개하여 시험에 관심을 가지도록 한다.

평가도구는 체계적으로 개발하는 것이 중요하다. 능력단위 분류 체계, 주요 평가 영역 도출, 평가 방법과 문항 수 도출, 능력단위 요소별 배점 기준 도출, 교수자용 평가 문항 개발(평가 문항, 정답, 해설 등 포함), 학습자용 평가 개요 작성(평가 방법, 배점 기준, 평가 시간 등), 평가 문제지 개발(평가 문항, 항목별 점수표 등), 능력단위 채점표, 평가자 의견 및 환류, 평가 증빙자료(최종 결과물 사진 자료 등), 능력단위 성적표, 수행평가서 등을 개발하여 활용한다.

1) 능력단위 세 분류 분류 체계 작성

해당 능력단위가 속한 세 분류에 대하여 분류 체계를 작성하는 것으로 능력단위의 출처를 파악하기 위한 목적으로 작성한다. 분류 체계는 NCS 사이트 https://www.ncs.go.kr/에서 NCS 및 학습 모듈 검색을 이용하면 분류 체계를 쉽게 작성할 수 있다(〈표 4-11〉 참조).

〈표 4-11〉 능력단위 세분류 분류 체계 작성("예시")

대분류	중분류	소분류	세분류
15. 기계	02. 기계가공	01. 절삭가공	02. CAM 가공

2) 능력단위 주요 평가 영역 작성

능력단위 평가도구에서 평가 영역을 작성하는 것은 해당 능력단위가 지식/기술/태도 등에서 적합한 주요 평가 영역을 도출하여 작성하는 것으로 능력단위의 내용을 분석하여 작성할 수 있으며, 평가 영역에 따라 평가 방법이 결정되고 평가 문항 개발 방향이 결정될 수 있다.

능력단위에서 요구하는 직무가 지식을 획득하고 사용하는 방식은 인지적 영역으로 지식과 관련된 지적인 영역으로 체크하고, 숙련 정도, 신체의 운동기능을 사용하고 조절하는 능력과 관련된 행동 능력은 심동적 영역으로 기술에 체크할 수 있으며, 인간의 태도, 흥미, 감상, 가치관 등 감정 능력 등과 관련된 것은 정의적 영역으로 태도에 체크할 수 있다.

학습 목표는 능력단위의 정의를 참조하여 작성하고, 장비·재료와 평가 시 고려사항 작성은 능력단위에서 제시된 내용을 바탕으로 작성할 수 있다(〈표 4-12〉 참조).

〈표 4-12〉 능력단위 주요 평가 영역 작성("예시")

구분	내용				
훈련 목표	능력단위 정의를 참조하여 "~~을 할 수 있다."라고 표현하여 작성할 수 있다.				
장비·재료	• 능력단위에서 제시된 적용 범위 및 작업 상황 내용 "장비 및 도구" 내용을 참조하여 작성할 수 있다.		• 능력단위에서 제시된 적용 범위 및 작업 상황 내용 "재료" 내용을 참조하여 작성할 수 있다.		
평가 시 고려사항	• 능력단위에서 제시된 평가 지침의 내용인 "평가 시 고려사항" 내용을 참조하여 작성할 수 있다.				
주요 평가 영역	지식	지식을 획득하고 사용할 경우	기술	숙련 정도 행동 능력 일 경우	태도	안전, 품질, 정밀도 등 태도와 관련된 경우

3) 평가 방법 및 문항 수 작성

능력단위 평가도구에서 평가 방법은 교육 훈련 운영계획서의 평가 방법에서 선택할 수 있다. 문항 수는 능력단위의 연계성을 파악하여 문항 수를 결정한다. 기본적으로 능력단위 요소별 1세트(서술형 평가 문항은 5문항)로 평가 문항을 개발할 수 있지만, 능력단위 요소가 연계성이 있으면 포트폴리오(작업장 평가, 도면제시형)의 경우 1세트를 평가 문항으로 제시하여 능력단위별 세부 항목을 구분하여 배점 기준에 따라 평가할 수 있으며, 능력단위 요소가 연계성이 없을 경우 능력단위 요소별 1세트 이상의 평가 문항을 개발한다(〈표 4-13〉 참조).

〈표 4-13〉 능력단위 평가 방법과 문항 수 작성("머시닝센터 조작" 예시)

능력단위	능력단위 요소	주요 평가 영역			능력단위 요소 연계성			문항 수	평가 방법
		지식 (지필)	기술·태도 (수행관찰)	기술 (산출물)					
엔드밀 가공	작업 준비하기		√		.1	.2	.3	1 세트 이상	훈련운영계획서에서 선정
	본 가공 수행하기			√	.1	.2	.3		
	검사·수정하기			√	.1	.2	.3		

4) 능력단위 요소별 배점 기준 작성

능력단위 평가도구에서 능력단위 요소별로 배점 비중을 훈련의 중요도, 난이도, 활용 빈도를 3점 척도(낮음 ①, 보통 ②, 높음 ③)로 분석하여 배점 기준을 도출하여 작성한다. 이렇게 하는 것을 능력단위에서 능력단위 요소에 대한 배점을 공정하게 하여 평가의 신뢰를 확보하기 위하여 기준을 마련하는 것이다(〈표 4-14〉 참조).

〈표 4-14〉 능력단위 요소별 배점 기준 작성("머시닝센터 조작" 예시)

| 능력단위 | 능력단위 요소 | 주요 평가 영역 ||| 합계 Ⓓ | 배점 비중 (Ⓓ/Ⓔ)*100 |
		중요도 Ⓐ 낮음①↔보통②↔높음③	난이도 Ⓑ 낮음①↔보통②↔높음③	활용빈도 Ⓒ 낮음①↔보통②↔높음③		
CNC밀링 (머시닝센터) 조작	CNC 밀링 (머시닝센터) 조작 준비하기	2	3	2	7	37
	CNC 밀링 (머시닝센터) 조작하기	3	3	3	9	48
	측정·검사하기	1	1	1	3	15
	계 Ⓔ	6	7	6	19	100

5) 교수자용 평가 문항 개발 작성

교수자용 평가 문항 개발은 과정명, 교과목명, 능력단위명, 능력단위소, 평가형, 문항 수, 평가 시간, 배점, 평가자명, 평가 기준, 평가 시 유의사항 등을 작성한다. 서술형 평가 문항은 정답, 해설 등 포함하여 개발하고, 도면 제시형 또는 작업장 평가 문항 개발은 작업 요구사항, 제시 도면 또는 작업 내용, 정답, 평가표 등을 포함하여 개발한다(〈표 4-15〉 참조).

〈표 4-15〉 교수자용 평가 문항 작성("머시닝센터 조작" 예시)

□ 포트폴리오(서술형) 평가 문항 작성 사례

과정명			교과목명		능력단위		
능력단위 요소			평가 유형	포토폴리오 (서술형 평가)	문항수	5	
평가 시간			배점		평가자명		(서명)
평가 기준과 유의사항	■ 가공도면							

■ 평가 기준

구분		평가 기준	배점	득점	
				1차	2차
포트폴리오 평가	문제1.				
	문제2.				
	문제3.				
	문제4.				
	문제5.				

■ 평가 시 유의사항

평가 시 유의사항 ②
1. 과제 평가 시간 초과에 대한 감점 사항 등 2. 단어 표현과 오탈자에 대한 감점 사항 등 3. 기타 배점은 평가 기준에 따라 적용 ※ 감점 시 배점 이상은 적용하지 않는다.

구분	평가 문항
평가 문항 (수행 내용)	[문항 1]
	[문항 2]
	[문항 3]
	[문항 4]
	[문항 5]

□ 포트폴리오 도면 제시형 평가지 사례

과정명		교과목명		능력단위	
능력단위 요소		평가 유형	포토폴리오 (도면제시형)	문항 수	1
평가 시간		배점		평가자명	(서명)
가공 도면과 요구사항	■ 가공도면 ■ 요구사항 1. 2. 3. 4.				
	제시도면				
	■ 도면				
평가 문항 (수행 내용)	1. 위의 도면을 보고 머시닝센터 가공 수동 프로그램을 작성하시오. 2. 머시닝센터를 조작한 후 수동 프로그램을 이용하여 가공하고 측정하시오.				

- 평가 항목별 득점표 작성 예시

능력단위요소	평가요소	순번	평가항목(채점항목)	배점			1차 평가	2차 평가	득점	
				상	중	하			1차	2차
작업준비	장비조작	1	장비조작	10	7	3				
	안전운전	2	공작물설치	6	4	2				
	공구설치	3	공구설치	7	5	3				
	작업공정	4	작업공정	6	4	2				
	소 계(29점)									

	평가요소	순번	평가항목(채점항목)	배점			1차 평가	2차 평가	득점	
				상	중	하			1차	2차
본 가공 수행하기	좌표계설정	5	워크좌표계설정	10	7	3				
	공구보정	6	공구길이보정	5	3	2				
	시제품가공	7	프로그램작성	10	7	3				
	좌표계수정	8	좌표계수정	5	3	2				
	프로그램수정	9	프로그램수정	5	3	2				
	공구교환	10	공구교환	5	3	2				
	소 계(40점)									

	평가요소	순번	평가항목(채점항목)	배점			1차 평가	2차 평가	득점	
				상	중	하			1차	2차
검사·수정하기	측정기선정	11	측정기선정	3	2	1				
	"0"점 확인	12	측정방법	2	1	0				
	측정	13	외관검사	3	2	1				
	재가공	14	정밀공차	3	2	1				
	소 계(11점)									
최종 점수										

평가자 의견 및 환류		훈련생 확인
		(서명)

6) 학습자 공개용 평가 개요 작성

공개용 평가 개요 작성은 평가하기 전 학습자에게 제공하여 평가에 대한 준비를 할 수 있도록 과정명, 교과목, 능력단위, 능력단위 요소, 평가 유형, 문항 수, 평가 시간, 배점, 평가자 등을 작성한다. 서술형 평가의 경우 평가 기준 및 배점과 평가 시 유의사항을 작성하고, 포트폴리오 도면 제시형 또는 과제 제출형의 경우 요구사항과 공개 도면과 주요 항목에 대한 배점 기준 등을 작성하여 제시한다(〈표 4-16〉 참조).

〈표 4-16〉 학습자 공개용 평가 개요 작성("머시닝센터 조작" 예시)

□ 포트폴리오(서술형) 평가 문항 작성 사례

과정명		교과목명		능력단위		
능력단위 요소		평가 유형	포토폴리오 (서술형 평가)	문항	5	
평가 시간		배점		평가자명	(서명)	
평가 기준과 유의사항	■ 형상 도면 ■ 평가 기준 및 배점 					

	구분	평가 기준	배점	득점 1차	득점 2차
	포트 폴리오 평가	문제1.			
		문제2.			
		문제3.			
		문제4.			
		문제5.			

■ 평가 시 유의사항

평가 시 유의사항 ②
1. 과제 평가 시간 초과에 대한 감점 사항 등
2. 단어 표현과 오탈자에 대한 감점 사항 등
3. 기타 배점은 평가 기준에 따라 적용
※ 감점 시 배점 이상은 적용하지 않는다.

□ 포트폴리오 도면 제시형 평가지 사례

과정명		교과목명		능력단위	
능력단위 요소		평가 유형	포토폴리오 (도면제시형)	문항수	1
평가 시간		배점		평가자명	(서명)
가공도면과 요구사항	■ 다음 도면을 보고 작업을 준비하여 프로그램을 작성한 후 머시닝센터를 이용하여 가공하고 측정하시오 ■ 요구사항 1. 2. 3. 4. 공개용 도면 ■ 공개용 도면(형상 도면)				

[주요 평가 항목에 대한 배점 기준]

능력단위 요소명	평가 요소	배점
CNC 밀링 (머시닝센터) 조작 준비하기	장비 조작, 공작물 고정, 작업 공정, 알람 해제	25
CNC 밀링 (머시닝센터) 조작하기	공작물 좌표계 설정, 수동 가공 프로그램 작성, 공구 경로 확인, 절삭 조건 설정, 가공 및 보정	44
측정 · 검사하기	측정기 선정, 측정, 필요 시 재가공	11
계		80점

7) 평가지 작성

평가지는 시험 당일 학습자에게 배포하여 시험을 진행하는 시험지 작성은 과정명, 교과목명, 능력단위명, 능력단위 요소, 평가 유형, 학생 이름, 시험 시간, 평가 일자, 평가자명을 작성한다. 서술형 평가지 작성은 평가 기준과 배점 기준, 평가 시 유의사항, 평가 문항을 작성하고 포트폴리오 도면 제시형 또는 결과물 제출형의 평가지 작성은 요구사항, 제시 도면 또는 결과물 형상, 문제 등을 개발하여 제시한다(〈표 4-17〉 참조).

〈표 4-17〉 평가지 개발 작성("머시닝센터 조작" 예시)

□ 포트폴리오(서술형) 평가지 사례

과정명		교과목명		능력단위	
능력단위 요소		평가 유형	포토폴리오 (서술형 평가)	학생명	(서명)
평가 시간		평가 일자		평가자명	(서명)
평가 기준과 유의사항	■ 가공도면 ■ 평가 기준 | 구분	평가 기준	배점	득점 1차	득점 2차
---	---	---	---	---
포트폴리오 평가	문제1.			
	문제2.			
	문제3.			
	문제4.			
	문제5.			| ■ 평가 시 유의사항 평가 시 유의사항 ② 1. 과제 평가 시간 초과에 대한 감점 사항 등 2. 단어 표현과 오탈자에 대한 감점 사항 등 3. 기타 배점은 평가 기준에 따라 적용 ※ 감점 시 배점 이상은 적용하지 않는다.					

구분	평가 문항
평가 문항 (수행 내용)	[문항 1] 평가문항 제시.(해당 능력단위 요소명 배점 등 작성)
	[문항 2] 평가문항 제시.(해당 능력단위 요소명 배점 등 작성)
	[문항 3] 평가문항 제시.(해당 능력단위 요소명 배점 등 작성)
	[문항 4] 평가문항 제시.(해당 능력단위 요소명 배점 등 작성)
	[문항 5] 평가문항 제시.(해당 능력단위 요소명 배점 등 작성)

□ 포트폴리오 도면 제시형 평가지 사례

과정명		교과목명		능력단위	
능력단위 요소		평가 유형	포토폴리오 (도면제시형)	학생명	(서명)
평가 시간		평가 일자		평가자명	(서명)
가공도면과 요구사항	■ 가공 지시문(다음 도면을 보고 작업 준비하여 프로그램을 작성하고 가공한 후 측정하시오) ■ 시험 요구사항(상세히 작성) 1. 2. 3. 4. 제시 도면과 작업 조건표 등 ■ 도면					
평가 문항 (수행내용)	[과제 1] 위의 도면을 보고 NC 가공 수동 프로그램을 완성하시오.					

[과제 2] 머시닝센터를 조작한 후 수동 프로그램을 이용하여 가공하고 측정하시오.

[작업 항목별 평가표]

능력단위 요소	평가 요소	순번	평가항목 (채점항목)	배점 상	배점 중	배점 하	1차 평가	2차 평가	득점 1차	득점 2차
작업 준비	장비조작	1	장비조작	10	7	3				
	안전운전	2	공작물설치	6	4	2				
	공구설치	3	공구설치	7	5	3				
	작업공정	4	작업공정	6	4	2				
	소 계(29점)									
	평가 요소	순번	평가항목 (채점항목)	배점 상	배점 중	배점 하	1차 평가	2차 평가	득점 1차	득점 2차
본 가공 수행하기	좌표계 설정	5	워크좌표계설정	10	7	3				
	공구 보정	6	공구길이 보정	5	3	2				
	시제품 가공	7	프로그램 작성	10	7	3				
	좌표계 수정	8	좌표계 수정	5	3	2				
	프로그램수정	9	프로그램 수정	5	3	2				
	공구 교환	10	공구 교환	5	3	2				
	소 계(40점)									
	평가 요소	순번	평가항목 (채점항목)	배점 상	배점 중	배점 하	1차 평가	2차 평가	득점 1차	득점 2차
검사 · 수정하기	측정기선정	11	측정기선정	3	2	1				
	"0"점 확인	12	측정 방법	2	1	0				
	측정	13	외관 검사	3	2	1				
	재가공	14	정밀공차	3	2	1				
	소 계(11점)									
	최종 점수									
평가자 의견 및 피드백									훈련생 확인 (서명)	

8) 능력단위 평가 문항 채점표 작성

능력단위 평가 문항 채점표는 평가자의 시험지를 채점한 다음 1장의 채점표에 문항 점수를 작성하는 표로 과정명, 교과목명, 능력단위명, 능력단위 요소, 평가 유형, 학생 이름, 시험 시간, 평가 시간, 평가 일자, 평가자명을 작성한다. 채점표는 학생명, 평가 항목, 배점 및 득점, 총점, 성취 수준, Pass/Fail, 학습자 확인 등을 작성한다(〈표 4-18〉 참조).

〈표 4-18〉 능력단위 평가 문항별 채점표 작성(예시)

과정명		교과목명		능력단위명			
능력단위 요소		평가 유형	포토폴리오 (서술형 평가)	학생명		(서명)	
평가 시간		평가 일자		평가자명		(서명)	

평가 차수	번호	배점 / 성명	평가항목(순번) 배점 및 득점					총점 (100)	성취 수준	Pass / Fail	학습자 확인
			1번 7 5 3	2번 7 5 3	3번 7 5 3	4번 7 5 3	… …				
1차 평가	1										(서명)
	2										(서명)
	3										
	4										
	5										
	6										
	7										
	8										
	9										
	10										

9) 평가자 의견 및 환류 작성

평가자 의견 및 환류는 학생 개인별 평가 내용을 확인한 후 잘하고 있는 점, 개선 내용, 부족한 부분을 작성하여 학습자들에게 피드백하는 기능을 1장으로 작성한 표로 과정명, 교과목명, 능력단위명, 능력단위 요소, 평가 유형, 평가자, 평가 시간, 평가 일자, 학생명, 평가자 의견 및 환류 내용과 교육생 확인 등을 작성한다(〈표 4-19〉 참조).

〈표 4-19〉 평가자 의견 및 환류 작성(예시)

과정명		교과목명		능력단위명	
능력단위 요소		평가 유형	포트폴리오 (서술형 평가)	평가자명	(서명)
평가 시간		평가 일자			
순번	성명	평가자 의견 및 환류 내용			교육생 확인
1					(서명)
2					(서명)
3					
4					
5					
6					
7					
8					
9					
10					

10) 평가 증빙자료 작성

평가 증빙자료는 최종 결과물 사진과 실물 등을 보관하기 위해 작성하는 것으로 과정명, 교과목명, 능력단위명, 능력단위 요소, 평가 유형, 평가자, 평가 시간, 평가 일자, 1차 평가 서술형 평가 사진, 1차 평가 결과물 사진 등을 작성한다(〈표 4-20〉 참조).

〈표 4-20〉 평가 증빙자료 작성(예시)

과정명		교과목명		능력단위명	
능력단위 요소		평가 유형	포토폴리오	학생명	(서명)
평가 시간		평가 일자		평가자명	(서명)
증빙자료					
[1차 평가 서술형 시험지 전체 사진]					
[1차 평가 결과물 사진]					

11) 능력단위 성적표 작성

능력단위 성적표는 평가 결과표로 최종 평가 결과를 1장의 표로 작성하여 보관하기 위한 것으로 과정명, 교과목명, 능력단위명, 능력단위 요소, 평가 유형, 평가자, 평가 시간, 평가 일자, 학생 성명, 능력단위 점수, 성취 수준, Pass/Fail 등을 작성한다(〈표 4-20〉 참조).

〈표 4-20〉 능력단위 성적표 작성(예시)

과정명		교과목명		능력단위명				
능력단위 요소		평가 유형	포트폴리오	학생명			(서명)	
평가 시간		평가 일자		평가자명			(서명)	
번호	성명	능력단위 점수		성취 수준		Pass / Fail	
		1차	2차	1차	2차	1차	2차
1							
2							
3							
4							
5							
6							
7							
8							
9							
10							
재평가 대상자							

12) 능력단위 수행평가서 작성

능력단위 수행평가서는 학습자별로 능력단위에 대하여 직무수행 여부를 "예/아니오"로 판정한 것으로 학습자명, 평가자명, 교과목, 능력단위명, 평가 일자, 성취 수준, 평가 영역, 수행 준거, 예/아니오 등을 작성한다(〈표 4-21〉 참조).

〈표 4-21〉 능력단위 수행평가서 작성(예시)

학습자명: (○ 반, ○ 번)		평가자명(교수자):		평가일시
교과명:		능력단위 코드번호 능력단위명	1차:	
			2차:	
			3차:	
평가방법 : 본 평가는 단계별 자기평가의 학습과정이 완료된 학습자에 대하여 평가를 합니다. 학습을 위한 준비에서부터 실습의 완료 후 동작 확인까지 아래 사항의 수행 기준에 근거하여 학습자를 평가하여야 합니다. *(본 능력단위의 평가 방법 등을 안내하여 학습자로 하여금 학습 준비를 할 수 있도록 함)*		전체 평가(고정 내용으로서 임의 변경 불가)		
	성취 수준	수행 정도		
		5. 해당 지식과 기술을 확실하게 습득하여 직무수행에 필요한 기술적 사고력과 문제 해결력을 토대로 주도적으로 완벽한 작업을 수행할 수 있다.		
	√	4. 해당 지식과 기술을 습득하여 직무수행에 필요한 기술적 사고력과 문제 해결력을 토대로 작업을 수행할 수 있다.		
		3. 해당 지식과 기술을 대부분 습득하여 직무수행에 필요한 지식과 기술을 가지고 대부분의 작업을 수행할 수 있다.		
		2. 해당 지식과 기술을 부분적으로 습득하여 직무수행에 필요한 지식과 기술을 가지고 타인과 공동으로 작업을 수행할 수 있다.		
		1. 해당 지식과 기술을 습득하는데 부족함이 있어 타인의 도움을 받아야만 작업을 수행할 수 있다.		
	평가자는 학습자의 달성 정도를 성취 수준에 표시한다.			

평가 영역 (단원명)	수 행 준 거		예	아니오
능력단위 요소 코드번호 (능력단위 요소명)	1.1		√	
	1.2		:	
		:	:	:
		:	:	:
		:	:	:

13) 학생별 훈련과정 종합평가서 작성

학생별 훈련과정 종합평가서는 학생 개인별로 종합 성적표의 개념으로 작성하여 보관하는 것이다. 종합평가서에는 훈련과정명, 훈련 기간, 학습자명, 최종 확인자, 교과목명과 능력단위명, 평가자명, 최종 평가 일자, 평가 결과(성취 수준은 5, 4, 3, 2, 1 척도로 작성) 등을 작성한다(〈표 4-22〉 참조).

〈표 4-22〉 능력단위 수행평가서 작성(예시)

훈련과정명	훈련 기간	학습자명	최종 확인자 (지도교사)

교과목명	능력단위 분류번호 능력단위명	평가자명	최종 평가 일자	평가 결과 (성취수준)
교과목 명칭 작성	능력단위 코드번호 능력단위 명칭	홍길동	2020.10.5	5
	능력단위 코드번호 능력단위 명칭			

4.4 프로젝트 기반 수업을 위한 프로젝트 운영자료 개발

NCS 기반 교과목 수업 방법은 기존 교과목 위주의 수업 방식에서 프로젝트 기반 수업 방식으로 전환되고 있다. 프로젝트 기반 수업 방식은 프로젝트를 수행하는 데 요구되는 교과목을 묶어 교과목을 프로젝트 기반으로 수업을 진행하는 방식으로 학습자 중심의 직무수행 역량을 극대화할 수 있어 최근 직업능력개발훈련에 적용하는 방법이다.

프로젝트 운영에서 중요한 요소 중에 프로젝트를 선정하는 것이다. 프로젝트를 선정할 때 초기 프로젝트 과제의 수준은 '기초 수준'의 3개 정도의 과제를 선정하는데 해당 교과목 교수자와 협의하여 사전에 개발하고 운영계획서를 작성하여 수업에 활용하고, 중기 프로젝트 과제의 수준은 '심화 수준'의 과제를 를 2~3개 정도의 프로젝트를 학습자와 협의하여 과제를 선정하여 운영계획서 작성 후 수업에 활용하고, 말기 프로젝트 과제의 수준은 '응용 수준'의 과제를 학습자와 협의하여 선정하여 운영할 수 있다.

프로젝트 기반 수업은 사전에 준비하는 것이 대단히 중요하다. 준비 내용은 프로젝트 과제 선정, 프로젝트 운영자료, 프로젝트 보고서 등을 개발하여 수업을 활용할 수 있다.

프로젝트 운영계획서에는 Project 개요, 선수 이론, 프로젝트 작업 순서, 평가표, 프로젝트 결과보고서 양식 개발 등을 작성하여 활용할 수 있다.

1) 프로젝트 개요 작성

파워포인트를 활용한 프로젝트 개요 작성은 프로젝트 수업 첫 시간에 학습자에게 설명하는 자료로 구체적인 내용으로 작성하는 것이 필요하다.

프로젝트 개요에는 프로젝트명, 전공 분야, 교육 대상, 총소요 시간, 해당 교과목(프로젝트에 참여하는 교과목과 능력단위명), 교과목의 해당되는 능력단위 요소명, 수업 목표, 장비 및 공구, 재료 규격, 안전 및 유의사항, 최종 결과물 형상 등을 상세하게 작성하여 학습자에게 설명할 수 있도록 작성한다(〈표 4-23〉 참조).

〈표 4-23〉 프로젝트 개요 작성("예시")

프로젝트명	프로젝트 명칭 작성		
전공 분야	전공 작성		
교육 대상	해당 학과 1학년 재학생	총 소요시간(h)	○○ 시간
해당 교과목명	1. ○○과목 ○○능력단위	능력단위 요소명	1. ○○ 능력단위 요소 2. ○○ 능력단위 요소
	2. ○○과목 ○○능력단위		1. ○○ 능력단위 요소 2. ○○ 능력단위 요소
	3. ○○과목 ○○능력단위		1. ○○ 능력단위 요소 2. ○○ 능력단위 요소
	4. ○○과목 ○○능력단위		1. ○○ 능력단위 요소 2. ○○ 능력단위 요소
수업 목표	해당 능력단위의 정의를 참조하여 작성한다. - ○○할 수 있다로 작성한다.		
장비 및 공구	프로젝트 과제를 수행하는데 사용되는 장비 및 공구를 작성한다.		
재료	프로젝트 과제를 수행하는데 사용되는 재료 규격을 작성한다.		
안전 및 유의사항	프로젝트 과제 수행 시 안전 사항을 작성하여 안전사고가 발생되지 않도록 교육한다.		
최종 결과물			
최종 결과물의 이미지 형상을 첨부한다.			

2) 프로젝트 선수 지식

프로젝트 과제를 수행하는데 요구되는 선수 지식을 학습 모듈의 내용을 참조하여 작성할 수 있다(〈표 4-24〉 참조).

〈표 4-24〉 프로젝트 개요 작성("예시")

□ 프로젝트 과제명	
□ 프로젝트 선수 지식	
1. 프로젝트 과제를 수행하는 데 요구되는 지식을 해당 능력단위의 학습 모듈을 참고하여 작성할 수 있다. (4페이지 이내로 중요 지식만 요약하여 작성한다.)	

3) 프로젝트 작업 공정 순서 작성

학습자들에게 프로젝트 과제 실습 순서를 설명하여 과제가 정상적으로 완성될 수 있도록 공정별로 내용을 요약하여 작성한다(〈표 4-25〉 참조).

〈표 4-25〉 프로젝트 작업공정 순서 작성(예시)

작업 순서	이미지
1. 도면 작업	도면 이미지 첨부
2. 재료 준비	재료 준비 이미지 첨부
3. 부품 가공	부품 가공 이미지 첨부
4. 부품 조립	부품 조립 이미지 첨부
5. 치수 확인 및 수정	완성 이미지 첨부

4) 프로젝트 평가표 작성

프로젝트 평가표는 포트폴리오(도면 제시형)의 경우 작업 평가와 작품 평가로 구분하여 100점이 되도록 평가표를 작성한다(〈표 4-26〉 참조).

〈표 4-26〉 평가표 작성(예시)

□ 프로젝트 도면 제시형 평가표 개요 작성 예시

프로젝트명			교과목명	1. ○○ , 2. ○○, 3. ○○ 4. ○○	
해당 교과목명	1. ○○ 과목 ○○ 능력단위		능력단위 요소명	1. ○○ 능력단위 요소 2. ○○ 능력단위 요소	
	2. ○○ 과목 ○○ 능력단위			1. ○○ 능력단위 요소 2. ○○ 능력단위 요소	
	3. ○○ 과목 ○○ 능력단위			1. ○○ 능력단위 요소 2. ○○ 능력단위 요소	
	4. ○○ 과목 ○○ 능력단위			1. ○○ 능력단위 요소 2. ○○ 능력단위요소	
평가 시간			평가 일자		평가자명 (서명)
가공도면과 요구사항	■ 프로젝트 수행 내용 작성 ■ 프로젝트 요구사항(상세히 작성) 1. 2. 3. 4.				
	제시 도면				
	■ 도면				
프로젝트 수행내용	프로젝트 수행 내용 작성				
	1. 도면을 작성한다. 2. 재료를 준비한다. 3. 부품을 가공한다. 4. 조립 및 측정한다.				

프로젝트 과제 평가표 작성 예시

평가기준							작업 평가(20)				
	항목	품번	도면 치수	측정 치수	배점	득점	항 목	상	중	하	득점
	정밀 치수	①	28±0.05		8		작업 태도	4	3	1	
		①	28±0.05		8		장비 사용	4	3	1	
		①	28±0.05		8		작업 방법	4	3	1	
	일반 치수	②	15±0.1		4		작업 안전	4	3	1	
		②	15±0.1		4		정리 정돈	4	3	1	
		②	15±0.1		4						
		②	10±0.1		4						
		②	8±0.1		4						
		②	38±0.1		4						
		②	28±0.1		4						
		②	18±0.1		4						
		②	8±0.1		4						
		②	5±0.1		4						
	기능 및 상태	공통	외 관		4						
			모 따기	4							
			조립기능	4			시간 평가				
			직각/평면	4			소요 시간 (20시간) 30분 초과마다 (2)점 감점				

			작품 평가	작업 평가	시간 평가	계

5) 프로젝트 결과 보고서 작성

프로젝트 결과 보고서는 학습자들이 프로젝트 과제 결과를 포트폴리오 형태로 작성할 수 있도록 개요와 작성 방법 등을 설명하여 프로젝트가 종료되는 시점에서 완성하여 발표할 수 있도록 작성한다(〈표 4-27〉 참조).

〈표 4-27〉 프로젝트 결과 보고서 작성(예시)

□ 과제명:

수업 일자 (주차)	2019.3.19. - 29 (3-4주차)	팀명 (학습자명)		평가자	
작업 시간	20h			성취 수준	1,2,3,4,5
해당 교과목명	1. ○○ 과목 　 ○○ 능력단위	능력단위 요소명	1. ○○ 능력단위 요소 2. ○○ 능력단위 요소		
	2. ○○ 과목 　 ○○ 능력단위		1. ○○ 능력단위 요소 2. ○○ 능력단위 요소		
	3. ○○ 과목 　 ○○ 능력단위		1. ○○ 능력단위 요소 2. ○○ 능력단위 요소		
	4. ○○ 과목 　 ○○ 능력단위		1. ○○ 능력단위 요소 2. ○○ 능력단위 요소		
학습목표					
가공도면과 요구사항	■ 프로젝트 수행 내용 작성 ■ 프로젝트 요구사항(상세히 작성) 1. 2.				
	제시 도면				
	■ 도면				
	프로젝트 수행 내용 작성				
프로젝트 수행 내용	5. 도면을 작성한다. 6. 재료 준비한다. 7. 부품을 가공한다. 8. 조립 및 측정한다.				

교과목 능력단위 수행준거	[능력단위 요소명] 1.1 해당하는 교과목의 능력단위에 대한 수행준거를 작성한다. 1.2	
교과목 능력단위 수행준거	[능력단위 요소명] 1.1 해당하는 교과목의 능력단위에 대한 수행준거를 작성한다. 1.2	
교과목 능력단위 수행준거	[능력단위 요소명] 1.1 해당하는 교과목의 능력단위에 대한 수행준거를 작성한다. 1.2	
교과목 능력단위 수행준거	[능력단위 요소명] 1.1 해당하는 교과목의 능력단위에 대한 수행준거를 작성한다. 1.2	
사용 장비 및 공구	[사용 장비] 1. 부품 ① : 선반 2. 부품 ② : 밀링	[주요 공구] 1. 2.
재료 규격	□ 재료 : ① 주사위 $35 \times 35 \times 35$, ② $\phi 50 \times 90\ \phi 30 \times 40$ = 1개(개인당)	
작업공정 1	도면 작성 작업 내용 작성 (1번 공정 작업 이미지)	
작업공정 2	1. 3D 모델링 작업 작업 내용 작성 2. (2번 공정 작업 이미지)	
작업공정 3	1. 부품 가공 작업 내용 작성 2. (2번 공정 작업 이미지)	
작업공정 4	1. 부품 조립 작업 내용 작성 2. 측정 작업 내용 작성 (2번 공정 작업 이미지)	

프로젝트 수행에 대한 평가 기준	☐ 작성된 학습 내용이 실제 조작하는 순서대로 작성되었는지, 학습활동 사진과 학습 관찰 등을 확인하여 성취 수준을 평정한다. - 성취 점수 판정 근거 <table><tr><th>점수</th><th>평정 근거</th></tr><tr><td>5점</td><td>해당 지식과 기술을 확실하게 습득하여 직무 수행에 필요한 기술적 사고력과 문제 해결력을 토대로 주도적으로 완벽한 작업을 수행할 수 있다.</td></tr><tr><td>4점</td><td>해당 지식과 기술을 습득하여 직무 수행에 필요한 기술적 사고력과 문제 해결력을 토대로 작업을 수행할 수 있다.</td></tr><tr><td>3점</td><td>해당 지식과 기술을 대부분 습득하여 직무 수행에 필요한 지식과 기술을 가지고 대부분의 작업을 수행할 수 있다.</td></tr><tr><td>2점</td><td>해당 지식과 기술을 부분적으로 습득하여 직무 수행에 필요한 지식과 기술을 가지고 타인과 공동으로 작업을 수행할 수 있다.</td></tr><tr><td>1점</td><td>해당 지식과 기술을 습득하는데 부족함이 있어 타인의 도움을 받아야만 작업을 수행할 수 있다.</td></tr></table> - 평가 주요 내용 • 주사위 셋의 외관, 기능성, 도면과 일치 여부, 안전사항 준수 여부 등
평가자 종합 의견	평가자 종합의견은 교수자가 제출된 결과 보고서와 작품 평가 내용을 확인하여 개선점 등을 작성하여 피드백한다.

☐ 프로젝트 결과물 제출

[2D 도면 내용 이미지 첨부]

[3D 도면 내용 이미지 첨부]

[최종 완성된 결과물 이미지 첨부]

NCS 교과목 강의자료 개발 실무

Chapter 05

강의자료 개발 내용 발표 및 개발 사례

Chapter 05 강의자료 개발 내용 발표 및 개발 사례

학습 목표

o 해당 연수자는 강의자료를 개발하여 발표할 수 있다.

o 과정 운영 교수자는 개발된 강의자료에 대한 평가와 피드백을 할 수 있다.

o 강의자료 개발 사례를 통해 교육 현장에 활용할 수 있다.

5.1 강의자료 개발 내용 발표

1) 교수자 강의계획서 개발 내용 발표

파워포인트를 활용한 교수자 주차별 강의계획서 개발 내용 발표는 강의계획서 개요와 평가 문항 개발 중심으로 발표한다.

2) 학습자 워크북 개발 내용 발표

파워포인트를 활용한 학습자 주차별 워크북 개발 내용 발표는 워크북 개요와 평가 문항 개발 중심으로 발표한다.

3) 프로젝트 과제 운영자료 발표

파워포인트를 활용한 프로젝트 과제 운영자료 발표는 프로젝트 과제 선정, 프로젝트 개요 작성 내용, 프로젝트 실습 순서, 프로젝트 평가표, 프로젝트 보고서 작성 양식 등을 작성하여 발표한다.

5.2 강의자료 개발 사례

1) NCS 기반 교과목 교수자용 주차별 강의안 작성 사례

파워포인트를 활용한 주차별 강의안 개발 사례를 기반으로 NCS 기반 교과목 수업에 참고하여 활용할 수 있다(〈표 5-1〉 참조).

〈표 5-1〉 NCS 기반 교과목 교수자용 주차별 강의안 작성 사례

개발 일자 :

(도면 해독 능력단위)
2주차-교수자 강의안 개발

〈 국가직무능력표준개발 분류 〉

대분류	중분류	소분류	세분류
15.기계	02. 기계가공	01. 절삭가공	04. CAM 02. 도면해독

○○○ 학과

CHAPTER 5. 강의자료 개발 내용 발표 및 개발 사례

□ 과목명: 도면 해독(2주차_8월26일(수요일))

수업 일자 (주차)	2020.5.19(8주차)	교수자명	
수업 시간	4H	성취 수준	1, 2, 3, 4, 5
능력단위 명칭	1502010402_14v2 도면해독	능력단위 요소명	- 1502010402_14v2.1 (도면 결정하기)
2주차 학습 목표	도면을 결정하기 위하여 해당 도면의 개정, 설계 변경사항을 확인할 수 있다.		
관련 수행 준거	[도면 결정하기] 1.1 작업 요구사항에 적합한 도면을 공정별로 분류할 수 있다. 1.2 해당 도면을 해독하기 위해 필요한 자료를 결정하고 수집할 수 있다. 1.3 해당도 면의 개정(version), 설계 변경사항을 확인할 수 있다.		
필요 지식	□ CAM 도면 설계 변경 설계된 조립 및 부품 도면들은 검도를 통하여 승인 후 출도한다. 출도된 도면은 투상도 및 치수지시, 끼워 맞춤 공차, 기하 공차, 표면 거칠기 및 주서 등을 도면 안의 내용을 지우거나 변경할 수 없다. 1. CAM 가공 치수의 변경 해독 (1) 부품도를 설계 시 투상도의 크기가 실제 크기와 일치하지 않게 제도할 때는 도면의 크기를 변경하지 않고 축척을 적용하여 도면을 해독 시 정확하게 이해할 수 있어야한다. (2) 투상도의 일부분과 기준 치수가 비례하지 않을 경우에는 기준 치수 밑에 선으로 투상도의 크기를 해독하지 않고 기준 치수의 크기를 해독해야 한다. 2. 도면의 검사와 관리 (1) 도면의 오류에 의한 손실을 방지하기 위한 도면 검사는 매우 중요하다. 또 작성된 도면은 생산 현장에서 제품을 만드는 설계도이므로 제품 생산에 직접적인 영향을 미치게 된다. 따라서 여러 단계에 걸쳐 철저하게 검사하여 오류를 예방할 필요가 있다. (2) 도면 검사에 대한 중요성을 이해하고 검사 방법과 항목을 숙지한다. 그리고 컴퓨터를 이용하여 실제 도면을 관리할 수 있는 방법을 익혀 현장에서 활용할 수 있어야 한다.		

수행 내용	□ 검토 순서 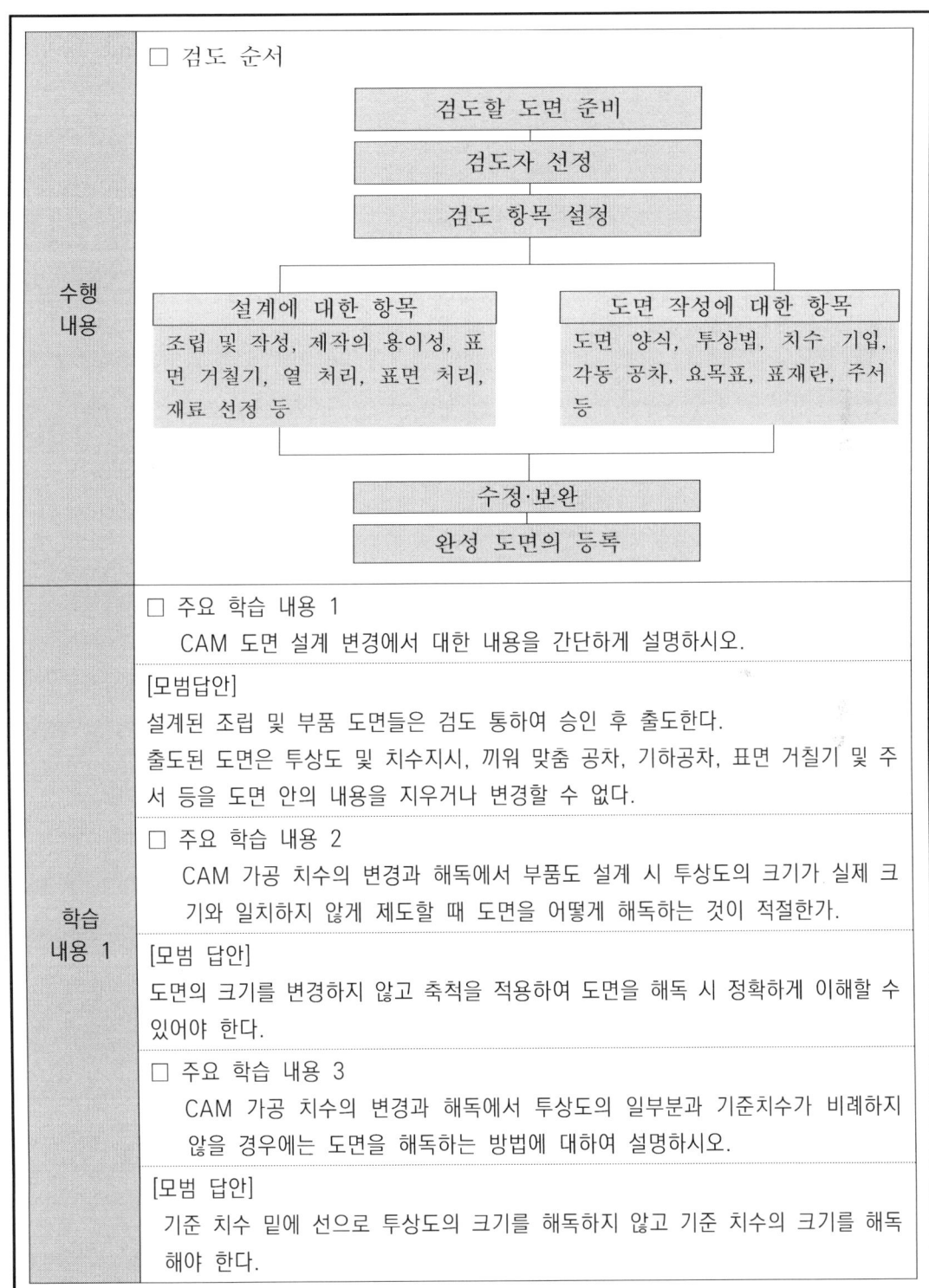
학습 내용 1	□ 주요 학습 내용 1 CAM 도면 설계 변경에서 대한 내용을 간단하게 설명하시오. [모범답안] 설계된 조립 및 부품 도면들은 검토 통하여 승인 후 출도한다. 출도된 도면은 투상도 및 치수지시, 끼워 맞춤 공차, 기하공차, 표면 거칠기 및 주서 등을 도면 안의 내용을 지우거나 변경할 수 없다. □ 주요 학습 내용 2 CAM 가공 치수의 변경과 해독에서 부품도 설계 시 투상도의 크기가 실제 크기와 일치하지 않게 제도할 때 도면을 어떻게 해독하는 것이 적절한가. [모범 답안] 도면의 크기를 변경하지 않고 축척을 적용하여 도면을 해독 시 정확하게 이해할 수 있어야 한다. □ 주요 학습 내용 3 CAM 가공 치수의 변경과 해독에서 투상도의 일부분과 기준치수가 비례하지 않을 경우에는 도면을 해독하는 방법에 대하여 설명하시오. [모범 답안] 기준 치수 밑에 선으로 투상도의 크기를 해독하지 않고 기준 치수의 크기를 해독해야 한다.

학습 내용 1	
	□ 주요 학습 내용 4 컴퓨터를 활용한 도면 관리 시스템의 장점을 설명하시오. [정답] (가) 여러 가지 도면 자료 및 파일의 통합 관리 체계를 구축할 수 있다. (나) 도면의 유지, 보관에 소요되는 비용을 절감할 수 있다. (다) 도면의 질과 정확도를 향상시킬 수 있다. (라) 설계의 표준화를 이룰 수 있다. (마) 네트워크를 통하여 도면 및 자료를 공유할 수 있다. (바) 반영구적인 저장 매체로 유실 및 훼손의 염려가 거의 없다. (사) 설계 변경이나 도면 검색 시 신속하게 처리할 수 있다. (아) 별도의 도면 보관 장소가 필요 없고 도면 보관 장소를 최소화할 수 있다. □ 주요 학습 내용 5 도면의 검도 항목은 제품의 구조와 특징에 따라 작성되어야 한다. 일반적인 검도 항목을 간단하게 작성해보시오. [정답] 1. 구조 기능 : 제품 성능 이해, 조립 기능, 제작성, 재료선택, 가공법, 가공성 등 2. 도형 : 척도의 적절성, 투상도 배열의 적정성, 도형 누락, 단면 표시 등 3. 치수, 문자 및 각종 기호 : 치수 표시 적절성, 규격 4. 도면 양식 및 일반 주의사항 : 도면 형식, 표제란 내용 기입, 부품란 내용 기입, 부품 번호와 명칭 등 □ 주요 학습 내용 6 도면을 컴퓨터로 관리할 경우 장점에는 어떤 것이 있는지 나열해보시오. [정답] 1. 강력한 검색 기능 활용 가능 2. 신속한 정보 확인 가능 3. 다양한 파일 보기 기능 가능 4. 관계자와 신속한 정보 제공과 시스템 보완 등으로 체계적인 관리 가능

평가 방법	☐ 작성된 학습 내용이 실제 조작하는 순서대로 작성되었는지, 학습활동 사진과 학습 관찰 등을 확인하여 종합적으로 성취 수준을 평정한다. ☐ **평가 방법** : 선정한 평가 방법 작성 - 성취 수준 판정 근거 | 점수	평정 근거
5점	해당 지식과 기술을 확실하게 습득하여 직무 수행에 필요한 기술적 사고력과 문제 해결력을 토대로 주도적으로 완벽한 작업을 수행할 수 있다.
4점	해당 지식과 기술을 습득하여 직무 수행에 필요한 기술적 사고력과 문제 해결력을 토대로 작업을 수행할 수 있다.
3점	해당 지식과 기술을 대부분 습득하여 직무 수행에 필요한 지식과 기술을 가지고 대부분의 작업을 수행할 수 있다.
2점	해당 지식과 기술을 부분적으로 습득하여 직무 수행에 필요한 지식과 기술을 가지고 타인과 공동으로 작업을 수행할 수 있다.
1점	해당 지식과 기술을 습득하는데 부족함이 있어 타인의 도움을 받아야만 작업을 수행할 수 있다.	
실습 재료 및 소모품	☐ 장비 공구 : 컴퓨터, CAD S/W, 문서 작성 S/W ☐ 재료 : KS, ISO 규격집, 컴퓨터 관련 S/W 매뉴얼, 문서 작성기
평가자 종합 의견	

수 행 평 가 서

학습자명: (○ 반, ○ 번)	평가자명(교수자):	평가 일시	
교과명: 도면 해독과 CAM	1502010402_14v2 도면 해독	1차:	
		2차:	
		3차:	

평가 방법: 본 평가는 단계별 자기평가의 학습과정이 완료된 학습자에 대하여 평가를 합니다. 학습을 위한 준비에서부터 실습의 완료 후 동작 확인까지 아래 사항의 수행 기준에 근거하여 학습자를 평가하여야 합니다. (본 능력단위의 평가 방법 등을 안내하여 학습자로 하여금 학습 준비를 할 수 있도록 함)	전체 평가(고정 내용으로서 임의 변경 불가)	
	성취 수준	수행 정도
		5. 해당 지식과 기술을 확실하게 습득하여 직무 수행에 필요한 기술적 사고력과 문제 해결력을 토대로 주도적으로 완벽한 작업을 수행할 수 있다.
		4. 해당 지식과 기술을 습득하여 직무수행에 필요한 기술적 사고력과 문제 해결력을 토대로 작업을 수행할 수 있다.
		3. 해당 지식과 기술을 대부분 습득하여 직무수행에 필요한 지식과 기술을 가지고 대부분의 작업을 수행할 수 있다.
		2. 해당 지식과 기술을 부분적으로 습득하여 직무수행에 필요한 지식과 기술을 가지고 타인과 공동으로 작업을 수행할 수 있다.
		1. 해당 지식과 기술을 습득하는데 부족함이 있어 타인의 도움을 받아야만 작업을 수행할 수 있다.
	평가자는 학습자의 달성 정도를 성취 수준에 표시한다.	

평가 영역 (단원명)	수 행 준 거	예	아니오
1502010402_14v2.1 도면 결정하기	1.1 작업 요구사항에 적합한 도면을 공정별로 분류할 수 있다.		
	1.2 해당 도면을 해독하기 위해 필요한 자료를 결정하고 수집할 수 있다.		
	1.3 해당 도면의 개정(version), 설계 변경사항을 확인할 수 있다.		

2) NCS 기반 교과목 학습자용 주차별 워크북 작성 사례

파워포인트를 활용한 주차별 워크북 개발 사례를 기반으로 NCS 기반 교과목 수업에 참고하여 활용할 수 있다(〈표 5-2〉 참조).

〈표 5-2〉 NCS 기반 교과목 학습자용 주차별 워크북 작성 사례

개발 일자 : 2020. 8. 10.

(도면 해독 능력단위)
2주차 - 학습자 워크북 개발

국가직무능력표준개발 분류

대분류	중분류	소분류	세분류
15.기계	02. 기계가공	01. 절삭가공	04. CAM 02. 도면해독

○○○ 학과

수업 일자 (주차)	2020.8.26(2주차)	학습자명		평가자	
수업 시간	6H			성취수준	1, 2, 3, 4, 5
능력단위 명칭	1502010402_14v2 도면해독	능력단위 요소명	\- 1502010402_14v2.1 (도면 결정하기)		
2 주차 학습 목표	도면을 결정하기 위하여 해당 도면의 개정, 설계 변경사항을 확인할 수 있다.				
관련 수행 준거	[도면 결정하기] 1.1 작업 요구사항에 적합한 도면을 공정별로 분류할 수 있다. 1.2 해당 도면을 해독하기 위해 필요한 자료를 결정하고 수집할 수 있다. 1.3 해당 도면의 개정(version), 설계 변경사항을 확인할 수 있다.				
필요 지식	☐ CAM 도면 설계 변경				

수행 내용	□ 검도 순서	
학습 내용 1	□ 주요 학습 내용 1 　CAM 도면 설계 변경에서 대한 내용을 간단하게 설명하시오.	
	[모범 답안]	
	□ 주요 학습 내용 2 　CAM 가공 치수의 변경과 해독에서 부품도 설계 시 투상도의 크기가 실제 크기와 일치하지 않게 제도할 때 도면을 어떻게 해독하는 것이 적절한가.	
	[모범 답안]	
	□ 주요 학습 내용 3 　CAM 가공 치수의 변경과 해독에서 투상도의 일부분과 기준 치수가 비례하지 않을 경우에는 도면을 해독하는 방법에 대하여 설명하시오.	
	[모범 답안]	

학습 내용 1	☐ 주요 학습 내용 4 컴퓨터를 활용한 도면 관리 시스템의 장점을 설명하시오. [정답] ☐ 주요 학습 내용 5 도면의 검도 항목은 제품의 구조와 특징에 따라 작성되어야 한다. 일반적인 검도 항목을 간단하게 작성해 보시오. [정답] 1. 구조 기능 : 2. 도형 : 3. 치수, 문자 및 각종 기호 : 4. 도면 양식 및 일반 주의 사항 : ☐ 주요 학습 내용 6 도면을 컴퓨터로 관리할 경우 장점에는 어떤 것이 있는지 나열해 보시오. [정답] 1. 2. 3. 4.

학습 활동 사진	- 학습 활동 사진 첨부(동영상 진도 등)			
	제목 :	제목 :	제목 :

평가 방법	☐ 작성된 학습 내용이 실제 조작하는 순서대로 작성되었는지, 학습활동 사진과 학습 관찰 등을 확인하여 종합적으로 성취수준을 평정한다. ☐ **평가 방법** : 선정한 평가 방법 작성 - 성취 수준 판정 근거	
	점수	평정 근거
	5점	해당 지식과 기술을 확실하게 습득하여 직무 수행에 필요한 기술적 사고력과 문제 해결력을 토대로 주도적으로 완벽한 작업을 수행할 수 있다.
	4점	해당 지식과 기술을 습득하여 직무 수행에 필요한 기술적 사고력과 문제 해결력을 토대로 작업을 수행할 수 있다.
	3점	해당 지식과 기술을 대부분 습득하여 직무 수행에 필요한 지식과 기술을 가지고 대부분의 작업을 수행할 수 있다.
	2점	해당 지식과 기술을 부분적으로 습득하여 직무 수행에 필요한 지식과 기술을 가지고 타인과 공동으로 작업을 수행할 수 있다.
	1점	해당 지식과 기술을 습득하는데 부족함이 있어 타인의 도움을 받아야만 작업을 수행할 수 있다.

실습 재료 및 소모품	☐ 장비 공구 : 컴퓨터, CAD S/W, 문서 작성 S/W ☐ 재료 : KS, ISO 규격집, 컴퓨터 관련 S/W 매뉴얼, 문서 작성기
평가자 종합 의견	

수 행 평 가 서

학습자명: (○ 반, ○ 번)	평가자명(교수자):	평가 일시	
교과명: 도면 해독과 CAM	1502010402_14v2 도면 해독	1차:	
		2차:	
		3차:	

평가 방법: 본 평가는 단계별 자기평가의 학습과정이 완료된 학습자에 대하여 평가를 합니다. 학습을 위한 준비에서부터 실습의 완료 후 동작 확인까지 아래 사항의 수행 기준에 근거하여 학습자를 평가하여야 합니다. (본 능력단위의 평가 방법 등을 안내하여 학습자로 하여금 학습 준비를 할 수 있도록 함)	전체 평가(고정 내용으로서 임의 변경 불가)	
	성취 수준	수행 정도
		5. 해당 지식과 기술을 확실하게 습득하여 직무수행에 필요한 기술적 사고력과 문제 해결력을 토대로 주도적으로 완벽한 작업을 수행할 수 있다.
		4. 해당 지식과 기술을 습득하여 직무수행에 필요한 기술적 사고력과 문제 해결력을 토대로 작업을 수행할 수 있다.
		3. 해당 지식과 기술을 대부분 습득하여 직무수행에 필요한 지식과 기술을 가지고 대부분의 작업을 수행할 수 있다.
		2. 해당 지식과 기술을 부분적으로 습득하여 직무수행에 필요한 지식과 기술을 가지고 타인과 공동으로 작업을 수행할 수 있다.
		1. 해당 지식과 기술을 습득하는데 부족함이 있어 타인의 도움을 받아야만 작업을 수행할 수 있다.
	평가자는 학습자의 달성 정도를 성취 수준에 표시한다.	

평가 영역 (단원명)	수 행 준 거	예	아니오
1502010402_14v2.1 도면 결정하기	1.1 작업 요구사항에 적합한 도면을 공정별로 분류할 수 있다.		
	1.2 해당 도면을 해독하기 위해 필요한 자료를 결정하고 수집할 수 있다.		
	1.3 해당 도면의 개정(version), 설계 변경사항을 확인할 수 있다.		

3) 능력단위에 대한 평가도구 개발 사례

1. 도면 해독

『NCS 기반 평가도구 개발』

(도면 해독(1502010402_14v2))

제 출 일 :
소   속 :
교과목명 :
개 발 자 :

1. 포트폴리오 평가도구 개발

> 능력단위명 : 기본 측정기 사용

대분류	중분류	소분류	세분류
15. 기계	02. 기계가공	01. 절삭가공	04. CAM

A-1 능력단위 주요 평가 영역 도출

구분	내용				
훈련 목표	기계가공 작업에 있어서 전체적인 조립 관계를 고려하여 작업 계획을 수립하고 작업도구 사용을 결정하기 위한 도면을 해독할 수 있다.				
장비·재료	• 계산기 • 컴퓨터 • CAD 프로그램 • 프린터		• 용지		
평가 시 고려사항	• 도면 해독에 관한 전반적인 이론 지식과 기능 • 작업의 결과에 있어 생산성, 품질, 납기 등을 고려하여 결과를 도출 • 원가산정에 관한 전반적인 이론 지식과 기능				
주요 평가 영역	지식		기술	○	태도	○

A-2 평가 방법 및 문항수 도출

능력단위	능력단위 요소	주요 평가 영역			능력단위 요소 연계성	문항수	평가 방법
		지식 (지필)	기술·태도 (수행관찰)	기술 (산출물)			
도면 해독	도면 결정하기		√	√	.1 .2 .3	5	포트폴리오 (서술형평가)
	도면 해독하기		√	√	.1 .2 .3	5	
	원가 산정하기		√	√	.1 .2 .3	5	

A-3 능력단위 요소별 배점 기준 도출

능력단위	능력단위 요소	훈련 필요성			합계 Ⓓ	배점 비중 (Ⓓ/Ⓔ)*100
		중요도 Ⓐ	난이도 Ⓑ	활용빈도 Ⓒ		
		낮음 ① ↔ 보통 ② ↔ 높음 ③				
도면 해독	도면 결정하기	1	1	1	3	18
	도면 해독하기	3	3	3	9	52
	원가 산정하기	2	2	1	5	30
계 Ⓔ		6	6	5	17	100

A-4 교수자용 평가문항 개발

과정명	컴퓨터응용가공산업기사	교과목명	도면 해독과 CAM	능력단위	도면 해독
능력단위 요소	1. 도면 결정하기	평가 유형	포트폴리오 (서술형평가)	문항수	5
평가 시간	15분	배점	18	평가자	(서명)
평가 문항 (수행 내용)	_____				

문제 1) 컴퓨터를 활용한 도면을 관리하는 시스템의 장점에 해당되지 않는 것은 무엇인가?
———————————————————————————(3점)
① 여러 가지 도면 자료 및 파일의 통합 관리 체계를 구축할 수 있다.
② 반영구적인 저장 매체로 유실 및 훼손의 염려가 거의 없다.
③ 네트워크를 통하여 도면 및 자료를 공유할 수 있다.
④ 설계 변경이나 도면 검색 시 시간이 많이 소요되어 경제성은 떨어지지만 안정적인 작업의 장점이 있다.

[정답] ④
- 컴퓨터를 활용한 도면 관리 시스템의 장점에는 다음과 같다.
(가) 여러 가지 도면 자료 및 파일의 통합 관리 체계를 구축할 수 있다.
(나) 도면의 유지, 보관에 소요되는 비용을 절감할 수 있다.
(다) 도면의 질과 정확도를 향상시킬 수 있다.
(라) 설계의 표준화를 이룰 수 있다.
(마) 네트워크를 통하여 도면 및 자료를 공유할 수 있다.
(바) 반영구적인 저장 매체로 유실 및 훼손의 염려가 거의 없다.
(사) 설계 변경이나 도면 검색 시 신속하게 처리할 수 있다.

문제 2) 도면의 검도 항목에 해당하지 않는 것은 무엇인가?
———————————————————————(3점)
① 구조 기능
② 도형
③ 도면 제작 비용
④ 도면 양식 및 일반 주의 사항

[정답] ③ (도면의 검도 항목은 **구조 기능**, **도형**, **치수**, 문자 및 각종 기호, **도면 양식 및 일반 주의사항**을 검도한다.)

문제 3) 다음은 도면 출도에 대한 설명이다 옳으면 ○표, 틀리면 ×표를 선택하여 쓰시오. (   )
———————————————————————————(4점)

설계된 조립 및 부품 도면들은 검도를 통하여 승인 후 출도한다. 출도된 도면은 투상도 및 치수 지시, 끼워 맞춤 공차, 기하 공차, 표면 거칠기 및 주서 등 도면 안의 내용을 지우거나 변경할 수 없다.

[정답] ○ 도면 출도 내용이 정확하게 설명되었다.

문제 4) 다음 기계제품을 생산하는 공정에 해당되지 않는 것은 무엇인가?
――――――(4점)
① 볼트와 너트의 체결 기계적 조립 ② 제품 수량과 중량
③ 리벳 등의 클램핑 기계적 조립 ④ 접착 본딩

[정답] ②
  기계제품은 개별 부품들이 조립되어 완제품이 된다. 생산되는 부품 조립을 수행하는데 사용하는 공정은 일반적으로 다음과 같다?
  (가) 볼트와 너트의 체결 기계적 조립   (나) 리벳 등의 클램핑 기계적 조립
  (다) 프레스 맞춤식 기계적 조립   (라) 스냅 맞춤식 기계적 조립
  (마) 접착 본딩

[과제 5]
  기계의 구종 장치 실시 설계에서 필요한 자료의 종류를 3가지만 작성해 보시오?
  예) 키에 관한 자료(KS B 1311)
―――――――――――――――――――――――――(4점)
①
②
③

[정답]
(1) 키에 관한 자료(KS B 1311)
(2) 멈춤 링에 관한 자료(KS B 1336)
(3) 자동 조심 볼 베어링에 관한 자료(KS B 2025 또는 베어링 제작회사 제품 안내서)
(4) O링에 관한 자료(KS B 2799)
(5) 오일 실에 관한 자료(KS B 2804)
(6) 주철제 V벨트 풀리에 관한 자료(KS B 1400)
(7) 끼워 맞춤 공차에 관한 자료(KS B 0401)
(8) 기하 공차에 관한 자료(KS B 0608)
(9) 제거 가공을 하는 길이 치수에 대한 허용차 자료(KS B ISO 2768-1)
(10) 표면 거칠기에 관한 자료(KS B 0617)

평가문항(수행내용)

과정명	컴퓨터응용가공산업기사	교과목명	도면해독과 CAM	능력단위	도면해독
능력단위 요소	2. 도면 해독하기	평가 유형	포트폴리오	문항 수	5
평가 시간	20분	배점	52	평가자	(서명)

평가 문항 (수행 내용)	문제 6) 제작도에서 $30\,^{+0.015}_{-0.010}$ 이라고 치수 지정이 되었을 때, 최대 허용 치수와 기준 치수와의 치수 허용차(mm)를 구하시오. --(10점)
	○ 계산 과정 :
	○ 답 :
	
	[정답]
	1. 계산 과정
	  - 최대 허용 치수 = 기준 치수 (30(mm) + 위 치수 허용차(+0.015mm) = 30.015(mm)
	  - 기준 치수 = 기준이 되는 치수 30(mm)
	  - 치수 허용차는 최대 허용 치수와 최소 허용 치수로 구분한다.
	    최대 허용 치수 = 기준 치수(30(mm) + 위 치수 허용차(+0.015mm) = 30.015(mm)
	    최소 허용 치수 = 기준 치수(30(mm) + 아래 치수 허용차(-0.010mm) = 29.990(mm)
	2. 정답:
	  - 최대 허용 치수 = 30.015(mm) - 기준 치수 = 30(mm)
	  - 최대 허용 치수 = 30.015(mm) - 최소 허용 치수 = 29.990(mm)
	
	문제 7) 다음 설명한 내용에 적합한 조립 방법은 무엇인지 작성하시오.(10점)
	
	일반적으로 사용되는 기계조립 방법으로서 수리, 정비, 조절 등의 조립품들을 분해할 수 있는 장점이 있는 조립 방법을 말한다.
	
	( )
	
	[정답] : 볼트와 너트의 체결 기계적 조립
	  일반적으로 사용되는 조립 방법으로서 수리, 정비, 조절 등의 조립품들을 분해할 수 있는 장점이 있는 조립 방법이다.

평가 문항 (수행 내용)	

문제 8) 다음 치공구를 결정하는데 3가지 요소를 작성해 보시오.
　　　　-------------(10점)
　① (　　　　　　　　　　　　　)
　② (　　　　　　　　　　　　　)
　③ (　　　　　　　　　　　　　)

> [정답] : ① 위치 결정구, ② 위치 결정면, ③ 고정구(클램프)
> 　치공구를 결정하는데 3가지 요소는 ① 위치 결정구, ② 위치 결정면, ③ 고정구(클램프)

문제 9) 다음은 재질의 번호, 최저 인장 강도를 숫자나 알파벳으로 표시한다. 아래 기호 S M 20C의 재료 기호의 의미를 간단하게 작성해 보시오.-------------(12점)
　① S :　　　　　② M :　　　　　③ 20C :

> [정답] :
> 　S S 330 (일반 구조용 압연 강재)에서 재료 기호가 나타내는 의미는 다음과 같다. 첫 번째 : S는 강(Steel)
> 　두 번째 : S는 (일반 구조용 압연재(General structural rolling plate))
> 　세 번째 : 330은 최저 인장 강도(330N/㎟, 34kg/㎟)

문제 10) 다음은 끼워 맞춤에 대한 설명이다 (　　)의 내용을 채워 작성하시오.-----(10점)
① 구멍과 축 사이에 반드시 틈새가 있는 끼워 맞춤 즉 구멍의 최소 허용 치수가 축의 최대 허용 치수보다 큰 끼워 맞춤을 무엇이라 하는가?—(　　　　　　)
② 구멍과 축 사이에 반드시 죔새가 있는 끼워 맞춤, 즉 구멍의 최대 허용 치수가 축의 최소 허용 치수와 같거나 또는 그보다 큰 끼워 맞춤을 무엇이라 하는가?—(　　　　　　)
③ 구멍의 최소 허용 치수가 축의 최대 허용 치수보다 작고, 또 구멍의 최대 허용 치수가 축의 최소 허용 치수보다 큰 경우의 끼워 맞춤이고 구멍과 축의 실 치수의 크기에 따라서 헐거운 끼워 맞춤이 되거나 억지 끼워 맞춤이 될 수 있는 끼워 맞춤을 무엇이라 하는가?———(　　　　　　　　)

> [정답]
> 　① 헐거운 끼워 맞춤　　② 억지 끼워 맞춤　　③ 중간 끼워 맞춤

과정명	컴퓨터응용가공산업기사	교과목명	도면 해독과 CAM	능력단위	도면해독
능력단위 요소	3. 원가 산정하기	평가 유형	포트폴리오	문항 수	5
평가 시간	10분	배점	30	평가자	(서명)
평가 문항 (수행 내용)	\multicolumn{5}{l}{문제 11) 다음 원가를 구성하는 3가지 원가의 요소는 무엇인지 작성하시오. ------(6점) ① (　　　　　　　　) ② (　　　　　　　　) ③ (　　　　　　　　) [정답] 원가의 구성의 3요소에는 ① 재료비 : 제품 제조과정에 소요되는 원재료 재료의 금액을 산출한 비용 ② 노무비 : 제조과정에서 소요되는 노동력의 비용 ③ 제조경비 : 제품 제조에 소비되는 재료비와 노무비를 제외한 비용 문제 12) 다음은 직접원가와 간접원가에 대하여 간략하게 설명해 보시오. ----------(6점) ① 직접원가 : ② 간접원가 : [정답] : ① 직접원가: 제품·프로세스별로 구분되는 원가로 **직접재료원가**, **직접노구원가**를 말한다. ② 간접원가: 제품·프로세스별로 구분되지 않는 원가로 **간접노무원가**, 기타 간접원가, 지원부서 원가, 부서 원가 등 문제 13) 다음 원가계산의 목적에 대하여 적정하지 않는 것은? ----------------(6점) ① 재무제표 작성을 위한 목적　　② 예산 관리의 목적 ③ 제품 납기를 위한 목적　　　　④ 가격 정책 수립의 목적 ⑤ 경영의 기본 계획 수립의 목적}

평가 문항 (수행 내용)	[정답] : ③ 　　원가계산를 계산하는 목적은 다음과 같은 4가지 목적이 있다. 　1. 재무제표 작성을 위한 목적　　2. 예산 관리의 목적 　3. 가격 정책 수립의 목적　　　　4. 경영의 기본 계획 수립의 목적 문제 14) 다음은 원가의 구성에 대하여 설명이 적합하지 않는 것은 고르시오. ----------------------(6점) ① 직접원가 = 직접재료비 + 직접 노무비 + 직접 경비를 말하며, 제품을 제조하기까지 소요되는 모든 원가이다. ② 제조원가 = 직접원가 + 제조 간접비를 말한다. ③ 총원가 = 제조원가 + 판매비와 일반관리비를 말한다. ④ 판매가격 = 총원가 + 매출액 [정답] : ④ 　　판매가격은 총원가 + 이익으로 총원가에 이익이 포함된 가격으로 실제적으로 구매자에게 판매되는 금액이다. 문제 15) 원가 절감을 위하여 재료비 단가와 관련된 원가 요소별 중점 체크 사항에 해당하지 않는 것은 무엇인지 모두 고르시오. ----------------------(6점) ① 기능을 충족시키기 위한 사용 재료는 적정한가? ② 경제적인 설비를 배치되었는가? ③ 구매 단가는 적당한가? ④ 공동 구매 또는 일괄 발주를 통해 저렴하게 구매할 수 없는가? ⑤ 공정을 줄일 수 없는가? ⑥ 저렴한 구매처를 개척 할 수 없는가? ⑦ 시장조사를 통해 신소재의 정보를 입수하여 설계에 적용하는가? [정답] ②, ⑤ 　　②은 설비비의 원가 요소별 중점 체크 사항이다. 　　⑤은 공정에 대한 원가 요소별 중점 체크 사항이다.

CHAPTER 5. 강의자료 개발 내용 발표 및 개발 사례

A-5 평가 공개자료

과정명	컴퓨터응용가공산업기사	교과목명	도면 해독과 CAM	능력단위	도면 해독
능력단위 요소	1. 도면 결정하기 2. 도면 해독하기 3. 원가 산정하기	평가 유형	포트폴리오(서술형 15문항 평가)		
평가 시간	45분	평가 일시		평가자	(서명)

■ 다음 해당하는 문항에서 요구하는 내용을 작성하시오
■ 평가기준

<table>
<tr><th colspan="2">구분</th><th>평가기준</th><th>배점</th><th>득점</th></tr>
<tr><td rowspan="15">평가문항
(수행내용)</td><td rowspan="15">포트폴리오평가
(서술형평가)</td><td>1. 사지선다형으로 정답인 경우 3점, 오답은 0점으로 평가한다.</td><td>3</td><td></td></tr>
<tr><td>2. 사지선다형으로 정답인 경우 3점, 오답은 0점으로 평가한다.</td><td>3</td><td></td></tr>
<tr><td>3. 진위형으로 정답인 경우 3점, 오답은 0점으로 평가한다.</td><td>4</td><td></td></tr>
<tr><td>4. 사지선다형으로 정답인 경우 3점, 오답은 0점으로 평가한다.</td><td>4</td><td></td></tr>
<tr><td>5. 선다형으로 정답인 경우 3가지 모두 작성하면 3점, 2가지만 작성하면 2점, 1가지만 작성한 경우 1점으로 평가한다.</td><td>4</td><td></td></tr>
<tr><td>6. 서술형으로 계산식과 정답을 작성한 경우 10점, 계산식 또는 정답만 작성한 경우 8점으로 평가한다.</td><td>10</td><td></td></tr>
<tr><td>7. 서술형으로 정확하게 정답을 작성한 경우 10점, 일부 내용이 맞으면 6점으로 평가한다.</td><td>10</td><td></td></tr>
<tr><td>8. 서술형으로 정확하게 3가지 모두 작성하면 10점, 2가지만 작성하면 8점, 1가지만 작성한 경우 6점으로 평가한다.</td><td>10</td><td></td></tr>
<tr><td>9. 단답형 평가 문항으로 3가지 모두 정답으로 작성한 경우 12점, 2가지 작성 시 10점, 1가지만 작성 시 6점으로 평가한다.</td><td>12</td><td></td></tr>
<tr><td>10. 단답형 평가 문항으로 3가지 모두 정답으로 작성한 경우 10점, 2가지 작성 시 8점, 1가지만 작성 시 5점으로 평가한다.</td><td>10</td><td></td></tr>
<tr><td>11. 서술형으로 정확하게 3가지 모두 작성하면 6점, 2가지만 작성하면 4점, 1가지만 작성한 경우 2점으로 평가한다.</td><td>6</td><td></td></tr>
<tr><td>12. 서술형으로 정확하게 2가지 모두 작성하면 6점, 1가지만 작성한 경우 4점으로 평가한다.</td><td>6</td><td></td></tr>
<tr><td>13. 사지선다형으로 정답인 경우 6점, 오답은 0점으로 평가한다.</td><td>6</td><td></td></tr>
<tr><td>14. 사지선다형으로 정답인 경우 6점, 오답은 0점으로 평가한다.</td><td>6</td><td></td></tr>
<tr><td>15. 선다형으로 정답을 2가지 모두 체크한 경우 6점, 1가지만 선정한 경우 4점으로 하고 오답은 0점으로 평가한다.</td><td>6</td><td></td></tr>
</table>

■ 평가시 유의사항

평가 시 유의사항[2]
1. 평가 제한시간은 45분, 10분에 3분 초과 시마다 1점 감점 10분 이상 초과 시 0점 2. 오탈자인 경우 전체 문맥을 보고 판단하여 3개소마다 감점 1점 3. 기타 배점은 평가 기준에 따라 적용 ※ 감점 시 배점 이상은 적용하지 않는다.

	단원 (능력단위 요소)	평가 요소	배점
주요 평가 항목 및 배점	도면 결정하기	작업 요구사항 공정별 분류, 필요한 자료 결정, 설계 변경사항 확인	18점
	도면 해독하기	조립 관계 파악, 가공 정밀도 파악, 도면의 특이사항 확인, 재질 특성 파악, 가공 시간 산정 등	52점
	원가 산정하기	제조원가 확인, 원가 반영, 원가 항목별 반영, 원가 변동 측정기 선정, 도면치수 공차 적용 여부 측정	30점
	계		100점

CHAPTER 5. 강의자료 개발 내용 발표 및 개발 사례

A-6 내부 평가 시험지

과정명	컴퓨터응용가공산업기사	교과목명		능력단위	도면 해독
능력단위 요소	1. 도면 결정하기	평가 유형	포트폴리오 (서술형 평가)	학생명	(서명)
	2. 도면 해독하기				
	3. 원가 산정하기				
평가 시간	35분	평가 일시 1차 2차		평가자	(서명)
평가 문항 (수행 내용)	■ 측정 시편 도면을 보고 과제에서 제시한 내용을 요약하여 작성하시오 문제 1) 컴퓨터를 활용한 도면을 관리하는 시스템의 장점에 해당되지 않는 것은 무엇인가? ( )----------------------------(3점) ① 여러 가지 도면 자료 및 파일의 통합 관리 체계를 구축할 수 있다. ② 반영구적인 저장 매체로 유실 및 훼손의 염려가 거의 없다. ③ 네트워크를 통하여 도면 및 자료를 공유할 수 있다. ④ 설계 변경이나 도면 검색 시 시간이 많이 소요되어 경제성은 떨어지지만 안정적인 작업의 장점이 있다. 문제 2) 도면의 검토 항목에 해당하지 않는 것은 무엇인가? ( )---(3점) ① 구조 기능 ② 도형 ③ 도면 제작 비용 ④ 도면 양식 및 일반 주의 사항 문제 3) 다음은 도면 출도에 대한 설명이다 옳으면 ○표, 틀리면 ×표를 선택하여 쓰시오. ( ) ----------------------(4점) 설계된 조립 및 부품 도면들은 검토를 통하여 승인 후 출도한다. 출도된 도면은 투상도 및 치수 지시, 끼워 맞춤 공차, 기하 공차, 주서 등은 지우거나 변경할 수 없다. 문제 4) 다음 기계 제품을 생산하는 공정에 해당되지 않는 것은 무엇인가? ( )-(4점) ① 볼트와 너트의 체결 기계적 조립 ② 제품 수량과 중량 ③ 리벳 등의 클램핑 기계적 조립 ④ 접착 본딩 [과제 5] 기계의 구종 장치 실시 설계에서 필요한 자료의 종류를 3가지만 작성해 보시오? 예) 키에 관한 자료(KS B 1311)----------------------(4점) 1. ( ) 2. ( ) 3. ( )					

평가 문항 (수행 내용)	문제 6) 제작도에서 $30 \begin{array}{c} +0.015 \\ -0.010 \end{array}$ 이라고 치수 지정이 되었을 때, 최대 허용 치수와 기준 치수와의 치수 허용차(mm)를 구하시오.----------------------(10점) ○ 계산과정 : ○ 답 : 문제 7) 다음 설명한 내용에 적합한 조립 방법은 무엇인지 작성하시오. (　　　　)--(10점) 일반적으로 사용되는 기계조립 방법으로서 수리, 정비, 조절 등의 조립품들을 분 있는 조립 방법을 말한다. (　　　　　　　　　　　　　) 문제 8) 다음 치공구를 결정하는데 3가지 요소를 작성해 보시오.---------------(10점) ① (　　　　　　　) ② (　　　　　　　　) ③ (　　　　　　　) 문제 9) 다음은 재질의 번호, 최저 인장 강도를 숫자나 알파벳으로 표시한다. 아래 기호 S M 20C 의 재료 기호의 의미를 간단하게 작성해 보시오.--------(12점) ① S : 　　　　　　　　　② M : ③ 20C : 문제 10) 다음은 끼워 맞춤에 대한 설명이다 (　　)의 내용을 채워 작성하시오.-----(10점) ① 구멍과 축 사이에 반드시 틈새가 있는 끼워 맞춤, 즉 구멍의 최소 허용치수가 축의 최대 허용 치수보다 큰 끼워 맞춤을 무엇이라 하는가?-(　　　　　) ② 구멍과 축 사이에 반드시 죔새가 있는 끼워 맞춤, 즉 구멍의 최대 허용 치수가 축의 최소 허용 치수와 같거나 또는 그보다 큰 끼워 맞춤을 무엇이라 하는가?-(　　　　　) ③ 구멍의 최소 허용 치수가 축의 최대 허용 치수보다 작고, 또 구멍의 최대 허용 치수가 축의 최소 허용 치수보다 큰 경우의 끼워 맞춤이고 구멍과 축의 실 치수의 크기에 따라서 헐거운 끼워 맞춤이 되거나 억지 끼워 맞춤이 될 수 있는 끼워 맞춤을 무엇이라 하는가? (　　　　　　　)

평가 문항 (수행 내용)	문제 11) 다음 원가를 구성하는 3가지 원가의 요소는 무엇인지 작성하시오.------(6점) ① (　　　　　　　)　　② (　　　　　　　) ③ (　　　　　　　) 문제 12) 다음은 직접원가와 간접원가에 대하여 간략하게 설명해보시오.---------(6점) ① 직접원가 : ② 간접원가 : 문제 13) 다음 원가 계산의 목적에 맞지 않는 것은? (　　)-(6점) ① 재무제표 작성을 위한 목적　　② 예산 관리의 목적 ③ 제품 납기를 위한 목적　　④ 가격 정책 수립의 목적 ⑤ 경영의 기본 계획 수립의 목적 문제 14) 다음은 원가의 구성에 대하여 설명이 적합하지 않는 것을 고르시오. (　　)------------------------(6점) ① 직접원가 = 직접재료비 + 직접 노무비 + 직접 경비를 말하며, 제품을 제조하기까지 소요되는 모든 원가이다. ② 제조원가 = 직접원가 + 제조 간접비를 말한다. ③ 총원가 = 제조원가 + 판매비와 일반관리비를 말한다. ④ 판매가격 = 총원가 + 매출액 문제 15) 원가 절감을 위하여 재료비 단가와 관련된 원가 요소별 중점 체크 사항에 해당하지 않는 것을 모두 고르시오.(　　)--(6점) ① 기능을 충족시키기 위한 사용 재료는 적정한가? ② 경제적인 설비를 배치되었는가? ③ 구입 단가는 적당한가? ④ 공동 구입 또는 일괄 발주를 통해 저렴하게 구매할 수 없는가? ⑤ 공정을 줄일 수 없는가? ⑥ 저렴한 구입처를 개척 할 수 없는가? ⑦ 시장조사를 통해 소재의 정보를 설계에 적용하고 있는가?

A-7 평가도구 채점표

과정명	컴퓨터응용가공산업기사		교과목명	도면 해독과 CAM	능력단위	도면 해독
능력단위 요소	1. 도면 결정하기 2. 도면 해독하기 3. 원가 산정하기		평가 유형	포트폴리오 (서술형 평가)	평가자	(서명)
평가 시간	45		평가 일시	1차 2차		

1차 평가

배점 성명	평가항목(순번) 배점 및 득점															총점 (100)	성취 수준	Pass/Fail	훈련생 확인
번호	문1 3↔0	문2 3↔0	문3 4↔0	문4 4↔0	문5 4↔0	문6 10↔0	문7 10↔0	문8 10↔0	문9 12↔0	문10 10↔0	문11 6↔0	문12 6↔0	문13 6↔0	문14 6↔0	문15 6↔0				
1																			
:																			
:																			
자평가 대상자																			

2차 평가

배점 성명	평가항목(순번) 배점 및 득점															총점 (100)	성취 수준	Pass/Fail	훈련생 확인
번호	문1 3↔0	문2 3↔0	문3 4↔0	문4 4↔0	문5 4↔0	문6 10↔0	문7 10↔0	문8 10↔0	문9 12↔0	문10 10↔0	문11 6↔0	문12 6↔0	문13 6↔0	문14 6↔0	문15 6↔0				
1																			
:																			
:																			

A-8 평가자 의견 및 피드백

과정명	컴퓨터응용가공산업기사	교과목명	도면 해독과 CAM	능력단위	도면 해독
능력단위 요소	1. 도면 결정하기 2. 도면 해독하기 3. 원가 산정하기	평가 유형	포트폴리오 (서술형 평가)	평가자	(서명)
평가 시간	45	평가 일시			

번호	성명	평가자 의견 및 피드백 내용	훈련생 확인
1			(서명)
2			(서명)
3			(서명)
4			(서명)
5			(서명)
:			(서명)
:			(서명)
:			(서명)
:			(서명)
:			(서명)

A-9 평가 증빙자료

과정명	컴퓨터응용가공산업기사	교과목명	도면 해독과 CAM	능력단위	도면 해독	
능력단위 요소	1. 도면 결정하기 2. 도면 해독하기 3. 원가 산정하기	평가 유형	포트폴리오 (서술형 평가)	평가자	(서명)	
평가 시간	45분	평가 일시	1차			
			2차			
사진						
1차 평가						

A-10 능력단위 성적표

과정명	컴퓨터응용가공산업기사	교과목명	도면 해독과 CAM	능력단위	도면 해독			
능력단위 요소	1. 도면 결정하기 2. 도면 해독하기 3. 원가 산정하기	평가 유형	포트폴리오 (서술형 평가)	평가자	(서명)			
평가 시간	45	평가 일시	1차					
			2차					
번호	성명	능력단위 점수		성취 수준		Pass / Fail		
		1차	2차	1차	2차	1차	2차	
1								
2								
3								
4								
5								
:								
:								

A-11 능력단위 수행평가서

학습자명:	평가자 : (서명)	평 가 일 시			
		1차	년	월 일	
교과목명: 도면 해독과 CAM		2차	년	월 일	
		3차	년	월 일	
평가 방법: 본 평가는 단계별 자기평가의 학습과정이 완료된 학습자에 대하여 평가를 합니다. 학습을 위한 준비에서부터 실습의 완료 후 동작 확인까지 아래 사항의 수행 기준에 근거하여 학습자를 평가하여야 합니다. (본 능력단위의 평가방법 등을 안내하여 학습자로 하여금 학습 준비를 할 수 있도록 함)		전체 평가(고정 내용으로서 임의 변경 불가)			
		성취 수준	수 행 정 도		
			5. 해당 지식과 기술을 확실하게 습득하여 직무 수행에 필요한 기술적 사고력과 문제 해결력을 토대로 주도적으로 완벽한 작업을 수행할 수 있다.		
			4. 해당 지식과 기술을 습득하여 직무 수행에 필요한 기술적 사고력과 문제 해결력을 토대로 작업을 수행할 수 있다.		
			3. 해당 지식과 기술을 대부분 습득하여 직무 수행에 필요한 지식과 기술을 가지고 대부분의 작업을 수행할 수 있다.		
			2. 해당 지식과 기술을 부분적으로 습득하여 직무 수행에 필요한 지식과 기술을 가지고 타인과 공동으로 작업을 수행할 수 있다.		
			1. 해당 지식과 기술을 습득하는데 부족함이 있어 타인의 도움을 받아야만 작업을 수행할 수 있다.		
		평가자는 학습자의 달성 정도를 성취 수준에 표시한다.			

평가 영역(단원명)	수 행 준 거	예	아니오
1502010402_14 v2.1 도면 결정하기	1.1 작업 요구사항에 적합한 도면을 공정별로 분류할 수 있다.		
	1.2 해당 도면을 해독하기 위해 필요한 자료를 결정하고 수집할 수 있다.		
	1.3 해당 도면의 개정(version), 설계 변경사항을 확인할 수 있다.		
1502010402_14 v2.2 도면 해독하기	2.1 부품의 전체적인 조립 관계와 각 부품별 조립 관계를 파악할 수 있다.		
	2.2 도면에서 해당 부품의 주요 가공 부위를 선정하고, 주요 가공 치수를 결정할 수 있다.		
	2.3 가공 공차에 대한 가공 정밀도를 파악하고 그에 맞는 가공설비 · 치공구를 결정하고 공정별로 설비를 분류 결정할 수 있다.		
	2.4 도면에서 해당 부품에 대한 특이사항을 정의하고 작업에 반영하여 방법을 결정할 수 있다.		
	2.5 도면에서 해당 부품에 대한 재질 특성을 파악하여 가공 가능성을 결정할 수 있다.		
	2.6 도면을 보고 가공 시간을 산정하고, 완성 시 예상되는 작업 결과를 파악할 수 있다.		

평가 영역(단원명)	수 행 준 거	예	아니오
1502010402_14v2.3 원가 산정하기	3.1 원가 산정에 필요한 모든 조건을 고려하여 제조의 원가를 확인할 수 있다.		
	3.2 사용자의 요구사항이 원가에 반영되었는지를 확인 할 수 있다.		
	3.3 단품의 원가를 항목별로 정리할 수 있다.		
	3.4 원가 변동에 대한 요인을 모두 반영할 수 있다.		
	3.5 실패 비용 발생 부분을 원가에 반영할 수 있다.		
	3.6 효율적인 원가 절감 방안을 모색할 수 있다.		
	3.7 산정된 원가의 역계산을 통하여 오류 없음을 검증할 수 있다.		
	3.8 원가계산 과정 완료 후, 사내 규정에 의하여 문서화하고, 이를 관련 부서에 전달할 수 있다.		

A-12 학생별 교과목과 능력단위 종합 평가서

훈련과정명	훈련 기간	학습자명	최종 확인자 (지도교사)
컴퓨터응용가공 산업기사			

교과목명	능력단위분류번호 능력단위명	평가자명	최종 평가 일시	평가 결과 (성취 수준)
머시닝센터	1502010405_18v3 CNC 밀링(머시닝센터) 조작(CAM)			
	1502010406_18v5 CNC 밀링(머시닝센터) 가공 프로그래밍(CAM)			
CNC 선반	1502010403_18v3 CNC 선반 조작(CAM)			
	1502010404_18v5 CNC 선반 가공 프로그래밍(CAM)			
선반	1502010104_16v4 기본 작업 (선반)			
	1502010105_16v4 단순 형상(선반)			
측정	1502010504_14v2 기본 측정기 사용(측정)			
밀링	1502010204_16v4 기본 작업(밀링 가공)			
	1502010207_16v4 엔드밀 가공			
도면 해독과 CAM	1502010402_14v2 도면 해독			
	1502010407_18v5 CNC 선반 가공 CAM 프로그래밍			
CAM	1502010408_18v5 CNC 밀링(머시닝센터) 가공 CAM 프로그래밍			
3D CAD	1501020113_16v3 3D 형상 모델링 작업			

채점 및 보관용

[능력단위 : 도면해독]

_____ 년 ____ 월 ____ 일

■ 성 명 : _____

4) 프로젝트 운영계획서 개발 사례

기계 분야 절삭 가공을 활용한 개인별 프로젝트 운영 사례를 소개하고자 한다(〈표 5-3〉 참조).

〈표 5-3〉 경기용 팽이 셋 프로젝트 과제 운영계획서 개발 사례

차 례

Ⅰ. 경기용 정밀 팽이 셋 제작

01. Project 개요
  1. 주요 사항
  2. 관련 지식 및 수행 기술
  3. 프로젝트 작업 공정
  4. 프로젝트 과제 평가표

02. Step 1 도면 작업
  1. 2D 도면 작업
  2. 3D 형상 모델링 작업

03. Step 2 부품 가공
  1. 부품 2번 가공
  2. 부품 3번 가공

04. Step 3 조립 작업
  1. 경기용 팽이 조립 작업

05. Step 4 평가
  1. 작업 평가
  2. 과제 평가

06. Step 5 보고서 작성
  1. 프로젝트 보고서 작성
  2. 프로젝트 결과물 제출

프로젝트명: 경기용 팽이 셋 제작

경기용 팽이 셋 제작 프로젝트 과제 운영계획서 사례는
광문각 홈페이지(kwangmoonkag.co.kr) 자료실에서 다운로드할 수 있습니다.

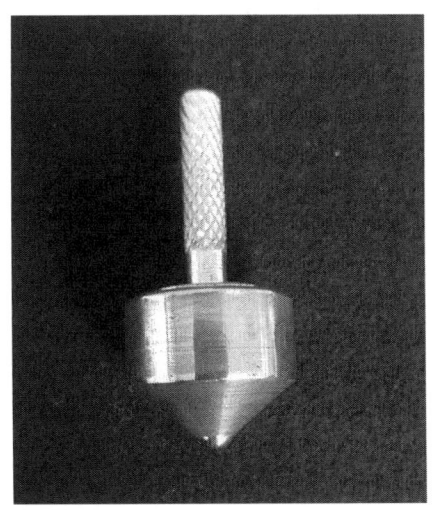

[참고 문헌 및 웹사이트]

- 임세영 최현숙 최규영 이성욱 김민정, 한국기술교육대학교 HRD센터, 프로젝트기반훈련((PBT, Project Based Training) 매뉴얼 개발(Ⅰ)), 2018
- 장봉기, 기계계열 PBL기반 러닝팩토리 활용 방안, 한국폴리텍대학, 2019
- NCS 사이트 자료 참조
- https://blog.naver.com/sotiere/221930956670

교수자를 위한
NCS 교과목 강의자료 개발 실무

2021년 3월 7일 1판 1쇄 인 쇄
2021년 3월 12일 1판 1쇄 발 행

지은이 : 장봉기, 김대구

펴낸이 : 박 정 태

펴낸곳 : **광 문 각**

10881
경기도 파주시 광인사길 161 파주출판문화도시
광문각 빌딩
등 록 : 1991. 5. 31 제12-484호
전화(代) : 031) 955-8787
팩 스 : 031) 955-3730
E-mail : kwangmk7@hanmail.net
홈페이지 : www.kwangmoonkag.co.kr

- ISBN : 978-89-7093-494-5   93000

값 20,000원

불법복사는 지적재산을 훔치는 범죄행위입니다.
저작권법 제97조의 5(권리의 침해죄)에 따라 위반자는 5년 이하의 징역 또는 5천만원 이하의 벌금에 처하거나 이를 병과할 수 있습니다.

※ 경기용 팽이 셋 제작 프로젝트 과제 운영계획서 사례는 광문각 홈페이지(kwangmoonkag.co.kr) 자료실에서 다운로드할 수 있습니다.